JN220721

Power of choosing happiness

アンミカの幸せの選択力

大和書房

はじめに

幸せとはほど遠い性格だった私が、今だから言えること

どうしたら、幸せになれるの？

多くの女性が抱いている疑問。その解決のために、少しでも役立つヒントをお伝えできたら……。本書は、そんな願いから誕生しました。

数ある書籍の中からこの本を手に取ってくださり、本当にありがとうございます。

じつは、かつての私は幸せとはほど遠いところにいました。環境はもちろん、自分自身の性格も、とても幸せを呼び込めるようなものではなかったのです。

でも、私は今、幸せです。

堂々と胸を張ってこう言えるのは、〝暗い過去〟を自分なりの方法で乗り越え、自分の手で幸せを掴んだという実感があるからこそなのです。

私は大阪で、韓国出身の両親のもとに生まれ育ちました。

幼い頃はとても貧しく、四畳半のアパートに家族7人がひしめき合うように暮らしていたこと、その後小さな家を持ちましたが、それすら火事で失ってしまったこと、顔をケガした後遺症で自信をなくして内気だったこと、自信をつけさせてくれた母を若くして亡くしたこと……。

このように苦難の連続ではありましたが、尊敬できる両親とにぎやかな兄弟姉妹に囲まれて育った私の幼少期は、貧しくても幸せな時代だったと思います。

その頃の私の性格は、一言で言えば「負けず嫌いで執着が強い」。環境の中で養われたものなのかもしれません。とても仲が良かったとはいえ、私を含め5人の兄弟姉妹は全員年子。両親の取り合いにもなりますし、よきにつけ悪しきにつけ競い合いになりますし、否が応でも周囲からは比較されます。まわりの子どもたちからは、顔のケガの後遺症でうまく笑えないことを兄弟姉妹と比べられ、「なんでミカちゃんだけ、チビでデブで不細工なの？」などと言われていたこともあります。

負けず嫌いで執着が強い。そんな私の性格は、こうした環境から育まれていったのでしょうが、それが、のちに自分を苦しめることになろうとは……。

私がモデルになるという夢を抱き始めたのは中学生の頃でした。母から「ミカちゃんは手足が長いから、モデルさんになれるかも」と言われたことを真に受け、よりによって、人と比較されて成り立つような職業を目指してしまったのです。

つねに厳しい競争のある職業ですから、「負けず嫌い」は必要な素養と言えるのかもしれません。でも、そのうち私の心は「人に負けたくない」「絶対に勝って一番になる」という思いに、だんだんと苦しめられるようになっていきました。

いつも人と比較して「勝ち」に執着していることは、とてもしんどい……。

仕事ばかりではありません。どんなシーンでも、誰も判定などしていないのに自分で優劣をつけてしまう。恋愛では、相手に執着するあまり追いつめてしまい、何度もつらい別れを経験することになりました。

こうして私は、20代までに自分のイヤな面を、洗いざらい目の当たりにすることになります。

どうしたら気持ちがラクになり、幸せになれるんだろう。

自分を振り返って考えた時、その答えは自分の中にあることに気がつきました。人も自分も追いつめないように、そして少しでも多く幸せを感じられるように……。こんなふうに、自分の心の方向性を少し変えてみればいいんだ、と。これを実践した結果が、愛する旦那様と、やりがいのある仕事に恵まれている、今の私です。

幸せの出発点は「自分を知る」こと。私は、悪い面も含めて「自分」というものを知ったからこそ、幸せになれるように自分を変えていくことができたのでしょう。

幸せは、どこか遠いところから不意にやってくるものではありません。

幸せとは、自分の心が決めること。**幸せとは、自分が選ぶもの**。

本書を通じて皆さんにお伝えしたいのは、そんな幸せを見極める選択力。つまり「幸せを選ぶ力の磨き方」です。

人は、一日に約三〇〇〇回も選択をしていると言います。朝、目覚めた瞬間、すぐに起きるのか、もう少しベッドで横になっているのか。これも一つの選択なら、笑顔で元気よく出かけるのか、暗い表情で出かけるのかも、一つの選択です。

人生は、このような小さな選択の連続ですが、そのつど**幸せを引き寄せるような選択を積み重ねていくことで、幸せな人生が築かれていく**のだと思います。

悲しいことに、世界には選択の余地のない人生を強いられている人たちもいます。

でも、この日本に生きている限り、人生は誰に対しても公平で、その人がどんな選択をするかによって、個々の幸せが決まると言えるのではないでしょうか。

あれほど負けず嫌いで執着が強かった私でも、心の方向性を変えることで幸せになれました。それは、言い換えれば「幸せになれるような選択」ができるように自分を変えていった、ということです。

あなたも、自分にとっての幸せの選択を、いくらだって積み重ねていけるはずです。

私たちには無数の選択のチャンスがあるのですから、その一つひとつを、幸せに向けたものにしてみませんか。

近い将来、「この本を読むことが、私の幸せの選択の第一号だったな」と思って頂けたら……。私にとって、これほど嬉しいことはありません。

Choice map of the life

アン ミカの 人生の選択地図

私がどのように「幸せの選択」をしてきたのかをお伝えしたく、半生を振り返って「幸せの選択」と「不幸の選択」に分けました。

4歳 四畳半に家族7人の貧乏生活 →
+ **家族の愛情で明るく育つ**
− 後ろ向きの暗い性格になる

6歳 顔のケガ、太る、いじめに遭う →
+ **母の4つの魔法で心地いい美人になるレッスンをする**
− コンプレックスの塊、自信喪失のまま

9歳 韓国人であることで差別を受ける →
+ **両親のお陰で前向きに乗り越える**
− 怒り、悲しみ、出身を隠すようになる

12~15歳 母の闘病生活で家計苦しく →
+ **新聞配達で家計を支える**
− 家族から逃げる

15歳 母の死 →
+ **母に勧められたモデルになることを決意**
− 心を閉ざす

16歳 モデルのオーディション20社落ちる →
+ **事務所にしつこく通い続け、チャンスを掴む**
− モデルになることをあきらめる

進路に迷う →
+ **モデルの道に進む**
− 陸上選手として大学進学

19歳 父から勘当される

「4つの条件」を言い渡される
1. 一流モデルになるまで帰って来るな
2. ひとり暮らしをして世間の厳しさを学べ
3. 新聞を読み、社会の進む道を知れ
4. 資格を取って、自分に付加価値をつけろ

自称モデルのフリーランス時代 →
+ **一流モデルになるため、パリコレに出ると決意**
− モデルをやめる

〜 パリコレのオーディションに落ち、帰国し、自分を知る勉強をする 〜

20歳 友人にファッションショーの見学に誘われる → ＋ 父の手紙に背中を押されて、ショーに行く
－ 時間と交通費を惜しんで、行かない

〜 会場で海外の有名カメラマンに声をかけられる 〜
そのカメラマンに撮られた写真が海外で賞を取り、パリコレデビュー

23歳 行き来していたパリから戻り、日本を拠点に

トーク番組のオファー → ＋ オファーを受け、タレントの道が開ける
－ モデルはしゃべらない時代だとして断る

25歳 ＮＹでモデルに挑戦する

29歳 父の死 → ＋ 家族のルーツを知るべく韓国へ留学
－ 大阪に残る

32歳 韓国から帰国 → ＋ NHKキャスターのオーディションを受けて合格
－ モデルに戻る

30代 恋愛でボロボロの時代

38歳 過渡期 → ＋ 東京に進出する
－ 大阪でタレントを続ける

旦那様のテディに出会う。化粧品のプロデュース、ジュエリーや服のデザインを始め、軌道に乗る

39歳 婚約

40歳 結婚。歌番組で優勝し、念願のCDデビュー

Contents

chapter
01
幸せな毎日の選び方

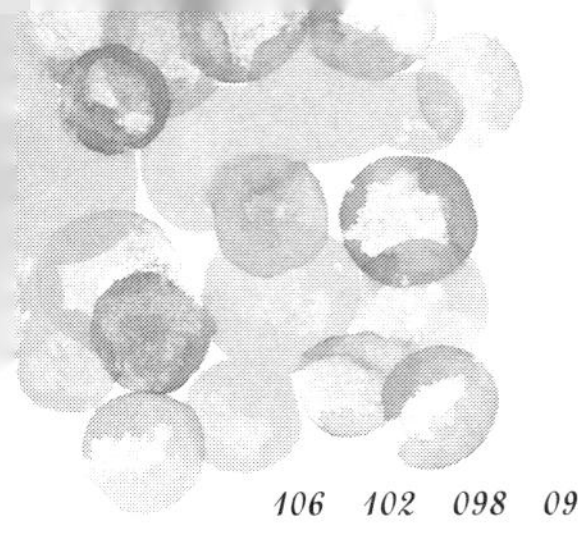

chapter

02 幸せな人間関係の選び方

chapter 03

幸せな仕事の選び方

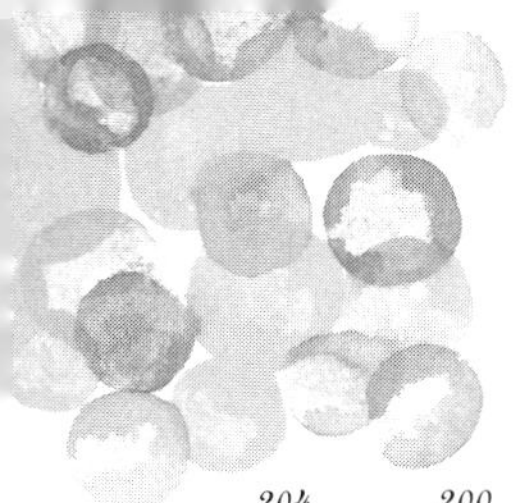

chapter

04 幸せな恋愛の選び方

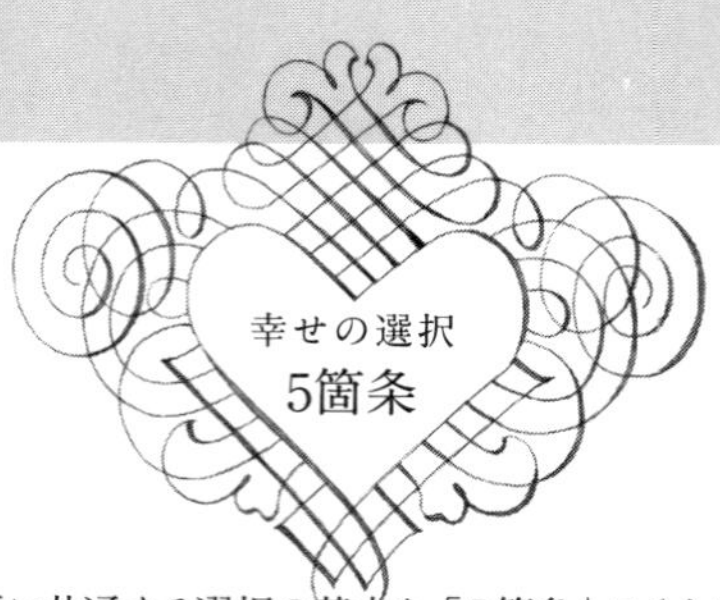

幸せの選択
5箇条

すべての話に共通する選択の基本を「5箇条」にまとめました。
選択に迷った時、立ち返って参考にしてください。

1 「自分の心がワクワクするもの」を選ぶ

心のワクワクは周囲にも伝わり、幸せの相乗効果が起こります。すべての選択に「自分がワクワクするかどうか」を感じ取りましょう。

2 「幸せは自分の心が決める」と心得る

あなたの幸せは、ほかの誰かが決めることも、与えることもできません。あなたにとって何が幸せなのか、あなたの心で決めましょう。

3 「人は自分の思い通りにはならない」と知る

人間関係の不幸の多くは、相手を自分の思い通りにしたいという欲望から生まれるとか。自分がその欲を持っていないか気づきましょう。

4 「自分に起きる出来事」を信頼する

一見、不運で不幸に思える出来事にも、必ず何か意味があると捉えましょう。そこから学び、今後に活かせば、より幸せになれると信じて！

5 「人の役に立つこと」「人の幸せになること」を選ぶ

人の幸せは、自分の幸せにもつながってきます。ただし、自分を犠牲にすることとは違うので、気をつけましょう。

chapter 01

幸せな毎日の選び方 HAPPY DAYS

- ○「未来」は「現在」の自分からのプレゼント
- ●くり返し現れる壁は「あなたなら乗り越えられる」というサイン
- ○幸せの女神は覚悟を決めた人にだけ微笑んでくれる
- ●まず「自分を知る」ことが、幸せを選ぶ力の源
- ○知らずに抱いている支配欲に気づき、手放す
- ●〝有り難い〟ことに感謝をすると、幸せが集まってくる
- ○ネガティブな感情は、受け入れたとたんにポジティブになる
- ●握りしめたコブシを開くと、豊かさが入ってくる
- ○今ある「恐れ」を、良い未来のために使おう
- ●「自信がない」は負けん気にできる
- ○一つひとつのことに心を込める
- ●独り占めはひとりぼっち
- ○悩みがない、苦労がないなら、それでいい
- ●「若さ」への執着を手放したほうが、ずっとキレイでいられる
- ○朝の習慣一つで一日笑顔でいられる
- ●夜は幸福感を高める過ごし方をする
- ○お金は「人が喜ぶこと」「自分が成長できること」に使う

How to choose these
HAPPY DAYS

「未来」は「現在」の自分からのプレゼント

今この時、一瞬一瞬を大切に生きていく。

これは、私が心がけていることの一つです。

英語では「現在」を〝present〟と言います。贈り物の「プレゼント」と全く同じスペル。たった今この時間こそが「プレゼント」だなんて、素敵ですよね。

でも、いったい誰からのプレゼントなのでしょう。神様でしょうか。

神様であるかもしれませんが、じつは、**現在というプレゼントを贈っているのは他ならぬ自分自身**です。

過去に自分がいろいろな選択をしてきた結果、「現在」があります。その「現在」は刻一刻と「過去」になっていき、「未来」はどんどん「現在」に近づいてきます。

つまり私たちは、**今の一瞬一瞬も、未来の自分にどんどんプレゼントを贈っている**。

より良い未来を望むなら、今が大事だということですね。だからこそ、今この時を大切に生きていかなくてはならない、というのが私の持論です。


あなたは今、幸せでしょうか？

どんな答えだったとしても、すべては過去のあなたから贈られたもの。もし、今の自分に不満があったとしても、残念ながら過去を変えることはできませんし、今さら悔やんでもどうにもなりません。

過去から学びを得たら、前を向いて進むのみ。今度はいいプレゼントを未来の自分に贈れるよう、選択の仕方を変えてみませんか。

あなたは、未来の自分にどんなプレゼントを贈りたいでしょうか。現在は確実に未来につながっているという視点で、今日この時の選択をしてみてください。

「年を取るのが怖い」と言う人がいますが、年齢を重ねることをいやがるのは、自分の未来を否定するのと同じではないでしょうか。それではあまりに悲しすぎます。

未来を明るくしたいなら、そのための選択を今することです。

人生はつながっていますが、人間は刻一刻と変わっています。昨日の自分と今日の自分も違います。昨日の選択が違うと思ったら、今日、また正しいと思える選択をすればいいのではないでしょうか。

年齢など関係ありません。いくつになっても「現在」を未来の自分へのプレゼントにすることはできるのです！

「今、この時間幸せでいましょう。その瞬間瞬間が、私たちの求めているものすべてであって、ほかには何もいらないのです。今、幸せであるよう努めましょう」

私が敬愛するマザー・テレサの言葉です。

この言葉のように、**今を幸せでいられるよう努めることは、未来の自分にどんどん幸せを贈っていること**になります。与えられている一瞬一瞬を大事に生きる、という選択がすべて積み重なって、明日や明後日、そして10年、20年後のあなたを作ります。

どうか、未来のあなたが美しく輝く女性でいられますように。

今この時を大切に生きることが、素晴らしい未来を作る

How to choose these
HAPPY DAYS

くり返し現れる壁は「あなたなら乗り越えられる」というサイン

「神様は、その人が乗り越えられない壁はお与えにならない」

この言葉に助けられて今の私があります。

恋愛においても人生全般においても、**「自分の努力」と人の「ご縁」は絶対に欠かせません**が、もう一つ大事なことがあると私は思っています。それは、**神様やご先祖様など、何か大きな力に委ねる**(ゆだ)**という「信心深さ」**。自分の力ではどうしようもないことが起こった時に、ある種の信心というものが自分を勇気づけてくれることもあるからです。

私は、15歳の時に母を亡くしました。兄弟姉妹はとても仲が良くて笑いの絶えない家でしたが、自宅が火事になったり、母を亡くしたあとに父が出稼ぎに出たため、守ってほしい大きな存在が近くにいない状況も幾度かありました。

「どうして私たちのところだけ、こんなに次々と不幸が襲うの?」

こう言う私に向かって、お世話になっていた教会の神父様がおっしゃいました。

「今、起こっていることは、すべて神様からのギフトだよ。たくさんの苦しみを知っている人間は、大人になってたくさんの人のお役に立てるんだよ。人の痛みを知る人は、弱い人の心に寄りそえて、人に喜んでもらえ、求められる人間になる。こんな無上の喜びはないよね」

言われてみると、私は幼い頃から人の相談によく乗っていました。自分が貧しくて寂しい思いをしてきたせいか、寂しそうな子がいるとすぐに気がつきもしました。そして、放っておけずに声をかける。すると、とても喜んでもらえたり……。

こんなふうにして小さい頃から、私は恵まれた友人関係を築くことができていました。それもこれも、私が「寂しい」という感情を経験してきたからかも。そう思ったら、幼いながらにも神父様のおっしゃることに納得ができたのです。

そして、20代、30代と年を重ねた今、「苦労というギフトのお陰で、自分の宝は人」と思える私がいます。

皆さんも、自分に起こる出来事を悲観ばかりせず、「神様からのギフトなのかも」と見直してみてはいかがでしょうか。

自分を振り返ってみてもそうなのですが、自分に起こる出来事には「こんなことを学

ぶべき」というパターンが込められている気がします。**壁を乗り越えて学びとるまで、何度でも同じパターンを見せられる**ようにも思います。

壁が現れるのは、恋愛かもしれないし、人間関係かもしれない、あるいは仕事かもしれません。でも、どんな壁も「絶対に乗り越えられるから、私に与えられているんだ」と考えてみてください。

経験は宝です。

目の前を壁に立ち塞がれては挑戦し、時には成功して喜び、時には失敗して涙を流す。このすべての経験がかけがえのない宝となり、自分を信じることにつながるのでしょう。

自分に起こることは、すべて「ギフト」

How to choose these

HAPPY DAYS

幸せの女神は覚悟を決めた人にだけ微笑んでくれる

chapter 01 HAPPY DAYS

「幸せになりたい」と願い、実際それを公言している人は多いと思います。
でも、じつは、そんな人にも「幸せになるのが怖い」という深層心理がある場合が、珍しくないようです。

例えば、よきパートナーに巡り会って幸せになりたいと願っているのに、いつも気苦労が絶えない相手ばかりを選んでしまう。このような人は、本当は幸せになるのが怖くて、幸せに結びつかない相手を無意識のうちに選んでしまっていることも、よくあります。

かく言う私も、かつてはそうでした。幸せについて書かせて頂きながら、以前は、幸せになるのが怖い自分がいたのです。

原因はわかっていました。幼い頃の体験です。

入院して闘病していた母が退院することになり、家でルンルンしながら待っていたのに母はなかなか帰って来ない……。なんと、母は家に帰る途中で交通事故に遭い、再び入院するハメになっていたのです。また、両親が親戚の結婚式に出席することになり、朝キレイに着飾った母をワクワクしながら見送ったと思ったのに、昼には自分の家が火事で焼けるという不幸を体験したことも。

結局、心躍ったことがすべてひっくり返って悲しみに変わってしまったため、私の中では「何かいいことがあっても、すぐに喜びはなくなってしまう」というトラウマになってしまったようなのです。

幸せになるのが怖いなんて、本当にもったいない話です。

ある時から私は強くそう思うようになり、恐れを捨てる努力を始めました。

喜びのあと、悲しみに見舞われた幼い頃の自分を大人の自分が慰めてあげるイメージをしたり、同じ体験をした兄弟姉妹５人で、その時のことを話したり。毎年、両親の命日にはみんなでワンワン泣いて最後は大爆笑する。こんなことも、トラウマを克服するのに役立ったと思います。

あなたが、幸せになりたいと願っているのに、なぜか不幸せな選択ばかりをしてしまっているようなら、**深層心理に「幸せになるのが怖い」という思いがないかどうかを、よく考えてみてください。**

そして、もしその心理があったら、原因は何かを突き止め、私のように過去の経験がトラウマになっているのだとしたら、つらいとは思いますが、その時の自分としっかり向き合ってネガティブな感情から解放してあげましょう。

「人生の目的は幸せになること」

私自身がそうだったように、このダライ・ラマの言葉が、きっとあなたに力を与えてくれるはずです。

そしてもう一つ。「幸せになるには覚悟が要る」ことも心しておいて。

ダライ・ラマの言葉を信じ、「私は幸せになって大丈夫!」と自分自身に言い聞かせ、**自分を細胞ごと〝幸せ体質〟に変える覚悟を持ちましょう。**

幸せ体質になるには、五感(視覚、聴覚、嗅覚、味覚、触覚)を磨いておくことが大切だと思います。五感は潜在意識に働きかけるものですが、五感を研(と)ぎ澄まし、それぞれの感覚が喜ぶ環境を整えるのです。

部屋に美しい絵を飾る、心が明るくなる音楽を聴く、好きな香りに包まれる、体に良くておいしいものを頂く、上質で気持ちのいい素材に身を包む……。こんなふうに五感が喜びで満たされ、自分自身がふわっと幸せな気持ちになれることを、生活の中にちりばめてみてください。

もちろん、自分の性格や考え方を幸せ体質に変えていくことも大事です。

どんな性格や考え方が幸せにつながるかについては、本書で触れているので、そちらを参考にして頂きたいと思います。まずは、思い切り素敵な笑顔ができる人を目指してみてください。「笑う門には福来る」とはよく言ったもので、**笑顔は幸せになるための近道**です。

幸運の女神は、覚悟を決めた人にだけ微笑んでくれます。覚悟ができたら、さっそく実行してみましょう。

自分を細胞ごと〝幸せ体質〟に変える覚悟を持って行動に移す

How to choose these
HAPPY DAYS

まず「自分を知る」ことが、幸せを選ぶ力の源

恋愛、人間関係、仕事、ひいては人生そのもの……。

幸せを選ぶ力は、すべてのシーンに関係してきます。ということは、幸せを選ぶ力は、いろいろな側面から磨いていくことができる、ということでもあります。

様々な側面で幸せを選ぶ力をブラッシュアップしていけば、人生は好転しはじめます。

ただ、そのためには「自分自身を知る」ことが大前提。**自分を知るとは、「自分のパターン」を理解すること**でもあり、**これこそが幸せを選ぶ力の源**となるのです。

パートナー、友人、同僚、上司……。いろいろな人間関係の様々なシーンの中で、自分が抱く感情とそれに伴う言動。

例えば、ちょっと強いことを言われると、萎縮(いしゅく)して何も言えなくなる。自分のある部分を人から指摘されると、過剰なまでに反応して怒る。他人の感情に鈍感で、何気ない一言で人を怒らせてしまう。言いたいことが言えずに怒りをため込んで、いつもどこかで爆発して後悔する……。

このような「心グセ」を認識している人は、「自分のパターンを知っている」と言えるのではないでしょうか。

自分のパターンは、心グセにだけ出るものではありません。

人の話を聞かずについ自分だけしゃべりすぎてしまう、もっと話したいのに聞く側に回ることが多いなど、「コミュニケーションのパターン」もあります。

そして、愛が冷めても情にほだされてずるずると関係を続けてしまう、自分の価値観を相手に押し付けすぎていつも破綻する、というように、自分が陥りがちな「恋愛パターン」というものもありますよね。

あるいは、「〇〇が苦手で、まだ克服できていない」といった「課題」も、自分のパターンの一つと言えるでしょう。


思い返してみると、皆さんも自分のパターンが見えてくるのではないでしょうか。いろいろな角度から自分自身を客観的に見つめ、自分のクセやパターンを知っておきましょう。

人からの指摘などを冷静に受け止めることも、自分を知る手掛かりの一つとなるはずです。

幸せの選択とは、その場その場で、自分にとって最善の選択肢を見極めるということ。

何が最善かは、その人によって違います。その意味で、自分を知っておくことがとても重要になってくるのです。**自分の長所や短所、心グセ、陥りやすいパターンなどを理解しておいてこそ、最善の選択ができる**のだと思います。

また、自分を知ると、自分にふさわしいことがわかるようにもなります。

幸せな人というのは、自分にふさわしいことをして、キラキラと輝いています。その輝きを手に入れるためにも、自分を知ることが欠かせないということなんですね。

自分のパターンがわかると、幸せになる方法がわかる

知らずに抱いている支配欲に気づき、手放す

「私、〝いい人〟だと思ってもらいたいんだけど、どうしたらいいんだろう……」

あなたはこんなつぶやきを口にしてはいませんか？

もしそうだとしたら、気をつけてくださいね。

「いい人だと思ってほしい」。一見、謙虚な望みのように思えますが、じつはこれは、**相手を支配しようとしているサイン**かも……。

誰かから「〇〇と思ってもらいたい」は、言い方を換えると、誰かに「〇〇と思わせたい」。つまり、相手を自分の思い通りにしたいということ。

彼に自分のことを大事な女性と思わせたい、職場の人たちに自分をできる人間だと思わせたい……。このような願望は、「自分の望む愛情や評価を相手に持たせたい」という支配欲から生まれるのではないでしょうか。

人と関わって生きていく以上、支配欲は自然なものなのかもしれません。**自分を愛するがゆえに自分を守ろうとして、誰もが心のどこかに持ってしまうもの**でもあるでしょう。

でも、だからといってその欲を野放しにしていると、当然、人間関係はギクシャクするでしょうし、第一、自分自身が傷つき、疲れ果ててしまいます。

私も身に覚えがあるのですが、誰かのことでイライラしたり、悲しい思いをしたり。そんな時、よくよく考えてみると、相手が自分の思い通りにならないことでネガティブな感情が生まれていることがわかったりして……。私のまわりでも、人間関係に腹を立てている人を見ると、結局は、相手が自分の思い通りにならないことに、もどかしさを感じてイライラしているケースが多いように思います。


あなたは自分の支配欲に振り回されてはいませんか？

「あの人に自分のことをわからせたい」と思うのに、わかってもらえない。そうなると、傷つくし、腹も立つ。こんな思いで日々を過ごしていたら、ほとほと疲れ果て、幸せとは縁遠くなってしまうような気がします。

人間関係で思い悩むようなことがあるなら、「私にも支配欲があるのでは？」と自問自答してみてください。**ラクになるためには、自分の中の支配欲に気づくことが第一歩**です。自分にも支配欲があると気づけば、それをなだめる方法も見えてきます。

支配欲をなだめるには、**人は自分の思い通りには決してならないと自覚すること**です。人は皆それぞれ育った環境も、生きている環境も、価値観も考え方も違います。相手の立場になって考えてみれば、相手を尊重する気持ちが芽生えてくるのではないでしょうか。

お互いがお互いを尊重しながら付き合えるようになれば、双方を高め合える関係を築くこともできるでしょう。そうなれたら、もう支配欲などというものが、あなたの心を支配することもなくなると思います。みんながこんなふうになれると理想的ですよね。

何事も力を入れすぎないことが大切です。「ああしたい、こうしたい」「あの人にこう思われたい」といった欲望をいったん手放してみましょう。手放したとたんにバランスが整い、すべてが自分らしくリセットできることが多いのです。

お互いを尊重すると支配欲はなくなる

How to choose these
HAPPY DAYS

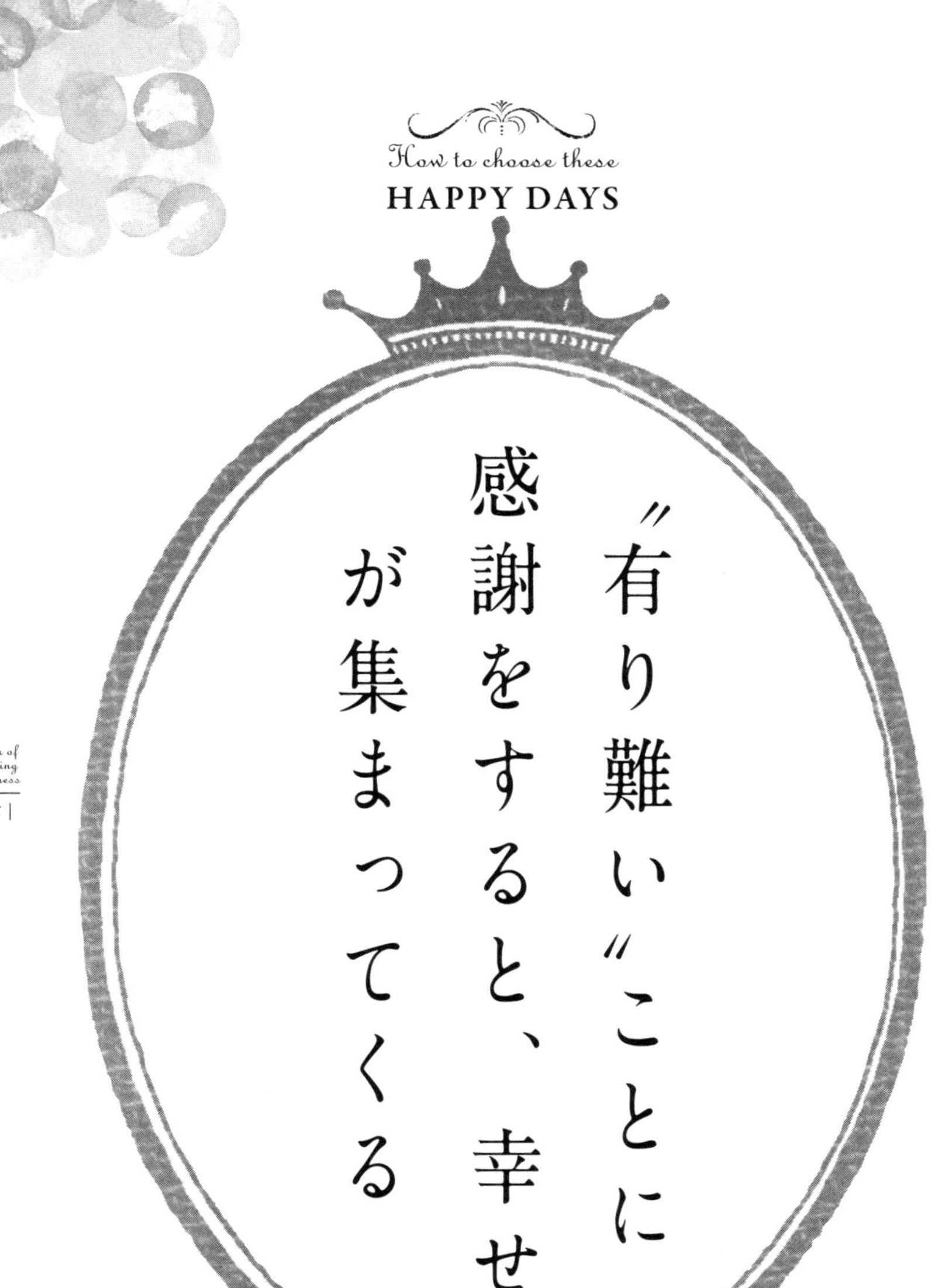

〝有り難い〟ことに感謝をすると、幸せが集まってくる

「ありがとう」は、魔法の言葉です。

「ありがとう」という言葉は、「有ることが難しい」と書き、「有り難い」ことから、「めったにない仏の慈悲など、貴重で得難いもの」を表すと言われています。

この素晴らしい言葉を私は大切にしています。

日本には、謝る時もお礼を言う時にも使える「すみません」という便利な言葉がありますが、私は感謝を伝える時には、「すみません」より「ありがとう」を言うようにしています。

そんなこともあり、私は、心を込めてたくさんの「ありがとう」を言うほうだと思います。

ところが、私以上に心を込めて「ありがとう」を言うのが、私の旦那様。

例えば、我が家は内階段のあるマンションで、水が飲みたければ階下のキッチンまで行かなければなりません。２階にいる彼が「のどが渇いたな」と言う。そこで私が、キッチンからコップ一杯のお水を彼に持っていく。たったこれだけのことで、「ああ、おいしい～、ありがとう～！」と言ってくれる。

まるで、私がどこかで井戸でも掘って水を手に入れてきたんじゃないか、というくらい感謝してくれるのです。彼は裕福な家庭で何不自由なく育ったのですが、国民性なのか、親の教育なのか、どんな小さなことでも心を込めて「ありがとう」を言う幸せな習慣がついているようです。

人は「ありがとう」と言われると心がほっこりします。そればかりではなく、もっと相手に何かしてあげたくなるから不思議です。

言葉で感謝を示すことで、さらに相手から感謝したくなることが返ってくる。これが、「ありがとう」の魔法です。私たちが夫婦円満なのは、「ありがとう」の魔法のお陰かもしれません。

この魔法が使えるのは、何も夫婦に限ったことではないですよね。

どんな人に対しても、何かをしてもらったら「ありがとう」と感謝を表現して笑顔を見せる。たったこれだけのことで、自分も相手も心が和みます。

相手は「そんなに喜んでくれるのなら、もっと何かしてあげよう」と思ってもくれるでしょうし、そこには、間違いなく幸せな空気が漂うはずです。

「ありがとう」は、こんなに素晴らしい言葉！

出し惜しみをせず、たくさん使いたいですよね。

「ありがとう」を伝えると、感謝の気持ちは伝染する

How to choose these
HAPPY DAYS

ネガティブな感情は、受け入れたとたんにポジティブになる

物事のいい面を見て、つねにポジティブでいること。よく「幸せの条件」のようなテーマの本に出てくる話ですが、なかなか思い通りにはいきませんよね……。

いつも物事のいい面だけを見てポジティブでいられたら、幸せかもしれません。でも実際は、そんなふうに生きるのはとても難しい。いろいろなことが起こるのが人生ですし、いい面だけを見て笑っていられない時もあります。悲しみや憎しみ、嫉妬(しっと)、執着……。こうしたネガティブな感情に襲われることだってあるでしょう。

そんな時に、自分のネガティブな感情を認めず、「いけない、ポジティブに考えなくちゃ！」「私には、ネガティブな感情なんてない！」などと思うと、自分の一面を否定することになり、余計に苦しくなってしまいます。

幸せな女性になるためには、自己否定をしないこともとても大切だと思います。

「私には嫉妬心なんてない」「絶対違う」などと否定しようとすればするほど、ネガティブな感情は自分の中でくすぶっていく傾向があります。

なので、生じてしまったネガティブな感情は、自分でいったん受け入れて「私には、こういう一面もあるんだ」と認めてあげましょう。一度受け入れてしまうと、一瞬で心がラクになるから不思議です。

こうして**自分のネガティブな一面を受け入れていくと、明るくなって、人に対しても優しく寛大になれる**気がします。

例えば、自分で自分の悲しみを否定していると、人の悲しみも理解できなくなり、悲しんでいる本人をも否定することにつながりがちです。でも、悲しみなど自分のネガティブな感情を受け入れることができれば、当然、他人にも同じような感情があることが理解できる。そうなれば、ネガティブな感情に支配されて苦しんでいる人を理解し、寄り添ってあげることもできますよね。

こうして人は、人間としての深みがよりいっそう増し、周囲から頼られ、慕われる人間になっていけるのではないでしょうか。

ネガティブ感情も「人生の一つのステップ」。これに気づいて受け入れれば、誰だって、絶対に一回りも二回りも成長できるはず！　と私は思っています。

自己否定をしないことが、幸せの近道

How to choose these
HAPPY DAYS

握りしめたコブシを開くと、豊かさが入ってくる

私の大好きな言葉に、「握りしめたコブシを開くと、豊かさが入ってくる」という言葉があります。

ギュッと結んでいたコブシをパッと開くと、天からつねに降りそそいでいる何かが手に積もるように、**頑なな心を開くと、ご縁やチャンスなど様々な豊かさが入ってくる**ということです。

人の親切や褒め言葉を、「ありがとうございます」と気持ちよく受け入れられる女性は、とても素敵だと思います。女性は、素直であることが一番。「ありがとうございます」だけでなく、「ごめんなさい」も「おはようございます」も「お疲れ様です」も、すべて素直な態度で表すだけで、自分も周囲も心地よくなります。

でも、わかってはいても、心が凝り固まってしまって素直になることが難しい人もいるでしょう。

「荷物をお持ちしましょうか」とか「その洋服お似合いですね」というような、ちょっとした心遣いの言葉に対しても、「いえ、結構です」「そんなことないです」などと、可愛くない対応をしてしまったりしていませんか。

ひょっとすると、遠慮や謙遜のつもりかもしれません。でも、頑なになるあまり、相手の好意を無にしていることに気づいていないような気がします。

頑なである限り、世界は広がっていきません。目の前に素晴らしいご縁があるかもしれないのに、心を開かないのは、自らそのチャンスを棒に振ってしまいますよ。とてももったいないことだと思いませんか。

「あの人はこうだから」と決めつけるのは、いろいろな価値観を知るチャンスを失っているのではないでしょうか。

「私、こういうのはダメだから」と苦手意識で物事を決めつける人は、自分の可能性を狭くしているのではないでしょうか。

頑なな心は、握りしめたコブシのようなもの。**人や物事を拒絶することで自分の選択肢を狭め、つねに何らかのチャンスを失い続けている**と思えてなりません。

勇気を出して、ちょっとだけコブシを開いてみませんか。すると、あなたのまわりの空気がほんわか和らぐのが感じられるはずですよ。これが、頑なな心のままでは得られなかった豊かさを得る、第一歩になると思います。

心を開くことは、豊かさへの第一歩

今ある「恐れ」を、良い未来のために使おう

自分の恐れていることが実際に起きてしまうのではないか。そんな思いを抱いている人は少なくないでしょうが、こうした**「恐れ」は、人の成長や前進を阻んでしまいます。**

こう言うと、「恐れは捨てなければならない」と感じるでしょうか。

でも、「恐れ」というものは、捨てようとか、逃れようとすればするほど増幅して心に追いすがろうとします。先ほど、ネガティブな感情は、受け入れることでポジティブに変わるとお話ししましたが、恐れも同じ。捨てようとも、逃れようともせず、いったん受け入れる以外に、乗り越える道はありません。

恐れの感情が湧き上がってきた時、私は「自分を抱擁するイメージ」を持つようにしています。**恐れを抱いている自分を、優しく抱きしめてあげる**のです。

すると、不思議と怖くなくなってきます。「私はこの恐れの存在を認めたから、もう大丈夫」と思え、平穏な気持ちで物事をスタートできるのです。これは、私が恐れに襲われるたびに行ってきた、心を整えるコツと言っていいかもしれません。

試しに、これまでの人生で一番大変だった時の自分を思い浮かべてみてください。そして、頭の中でその自分を「大変だったね」と言って、抱きしめてあげましょう。そうすると、抱きしめられた自分は安心してきっと泣き出すと思います。

なかなか簡単にはできないのですが、トレーニングを重ねてみましょう。過去のつらい自分を抱きしめて、思い切り泣かせてあげることをイメージすると、恐れはすんなりと受け入れることができるようになるはずです。

このようにして**今ある恐れを受け入れることができると、それを良い未来のために使うことができます。**

幸せの種は、つねに目の前に神様が用意してくださっています。そのかけがえのないギフトを、自分の手で掴むか掴まないか。数ある選択のうちの一つとして、今ある恐れを受け入れ、良い未来のために使うという道もあるのです。

恐れはギフト、恐れている自分を抱きしめてあげよう

How to choose these
HAPPY DAYS

「自信がない」は負けん気にできる

SNSなどで、自分より成功している人や、キラキラしている人を見て、「すごいなぁ。それに引き換え私は……」と思ってしまうこと、ありますよね。

本当は、大事なのは自分自身がどうあるかであって、一人でぼーっとしている時間があるということも幸せなはず。それなのに、すごく幸せそうに見える人と比べて落ち込んでしまうなんて、なんだかもったいないなぁと思います。

ただ、**人と比べて自信をなくしても、それが自分のステップアップの原動力になれば、素晴らしい**ことではないか、とも思います。その自信のなさは、自分の心持ち一つで「あの人を見習って頑張ろう！」という向上心になるからです。

キラキラして素敵な人、自分の好きなことを仕事にしてバリバリ働いている人、世界中を旅して人間的な深みを増している人……。

こんな人たちが目の前に現れたら、誰だって最初はちょっと尻込みします。

でも、そこで感じる「素敵だな」「大変なはずなのに、すごいな」「羨ましいな」というのは、言い換えれば、「もっと私も頑張ろう」「私もやってみたい！」という負けん気ではないでしょうか。

負けん気は負けん気でも、**自分を成長させる「負けん気」**。こういう前向きな姿勢は、いったん自分と人とを比較することから生まれると思うのです。

「私なんか、全然ダメ」と打ちひしがれることも、あるかもしれません。でも、こうして**自分の中に芽生えた「自信のなさ」をどうするかも、幸せの選択**だと思ってみてください。

「このままでは不安」と気づいているのに、何も行動を起こさないまま、成功した人を眺めているのは、例えて言えば、〝不安〟という部屋の小さな窓から、外の世界を見渡しているようなものです。〝不安部屋〟には、同じように「不安、不安」と言いながら、何も行動を起こさない人たちが集まっています。そして、ひとたびこの部屋に入ると、似た者同士で井戸端会議が始まります。

女性はおしゃべりが大好きなので、たまに集まってお酒でも飲みながら、話に花を咲かせるのはいいと思います。でも、〝不安部屋〟でのおしゃべりは、当面のリスクがない代わりに、何かを得ることもありません。ひと足先に出て挑戦している人や成功している人の悪口大会になってしまうのです。

幸せを選択したい皆さんには、そんな振る舞いはふさわしくありません。〝不安部屋〟にいることも、不安がるだけの〝不安ガールズ〟を結成することも、NGです！

人は、やはり**ワクワクするほうにパワーを使うことが、幸せへの近道**です。ワクワクしている人は輝いていて、その輝きこそが、幸せの種を引き寄せるのですから。

あなただって、友だちでも同僚でも仕事相手でも、もちろんお付き合いする男性でも、ドンヨリしている人より、キラキラしている人のほうがいいでしょう？

ワクワク、ドキドキして輝く素敵な女性になるためには、不安ばかりを抱えて閉じこもっている場合ではありません。

私は、**「自分を信じる」と書く「自信」とは、世界のお役に立たせて頂いているという「喜び」によって作られるもの**だと思っています。

その喜びには、自分のワクワクやドキドキが欠かせません。それらを大事にして、「もっと挑戦しよう」「経験を積もう」と思って行動し続けることが、結果、自分を信じ、自信を持つことに結びつくことが多いのです。

〝不安部屋〟に閉じこもり、「不安、だけど安心」「だけど、本当はワクワク、ドキドキしたい」「だけど、ここでも、ま、いいか」と、自分を騙(だま)しながら暮らしていると、なかなか自分を信じることはできないでしょう。

厳しい言い方をすれば、「自分で自分を信じられない」は、自分の中に原因があります。自分の幸せは、自分が決める。そして**「自分を信じる」というのも、やはり自分が決めるもの**です。

自分は、一生の大切なパートナーです。どうか**自分を好きになってあげてください。自分を好きになると、必ずいろいろなことの流れが変わってきます**。自分で自分にダメ出しをしている人が、端から見て魅力的に映るでしょうか？

ありのままの自分でいること。幸せになるためには、これもまた大切なことだと思います。自分らしく、誇らしく、花のように咲きましょう。

自分を信じることが、幸せにつながる

How to choose these
HAPPY DAYS

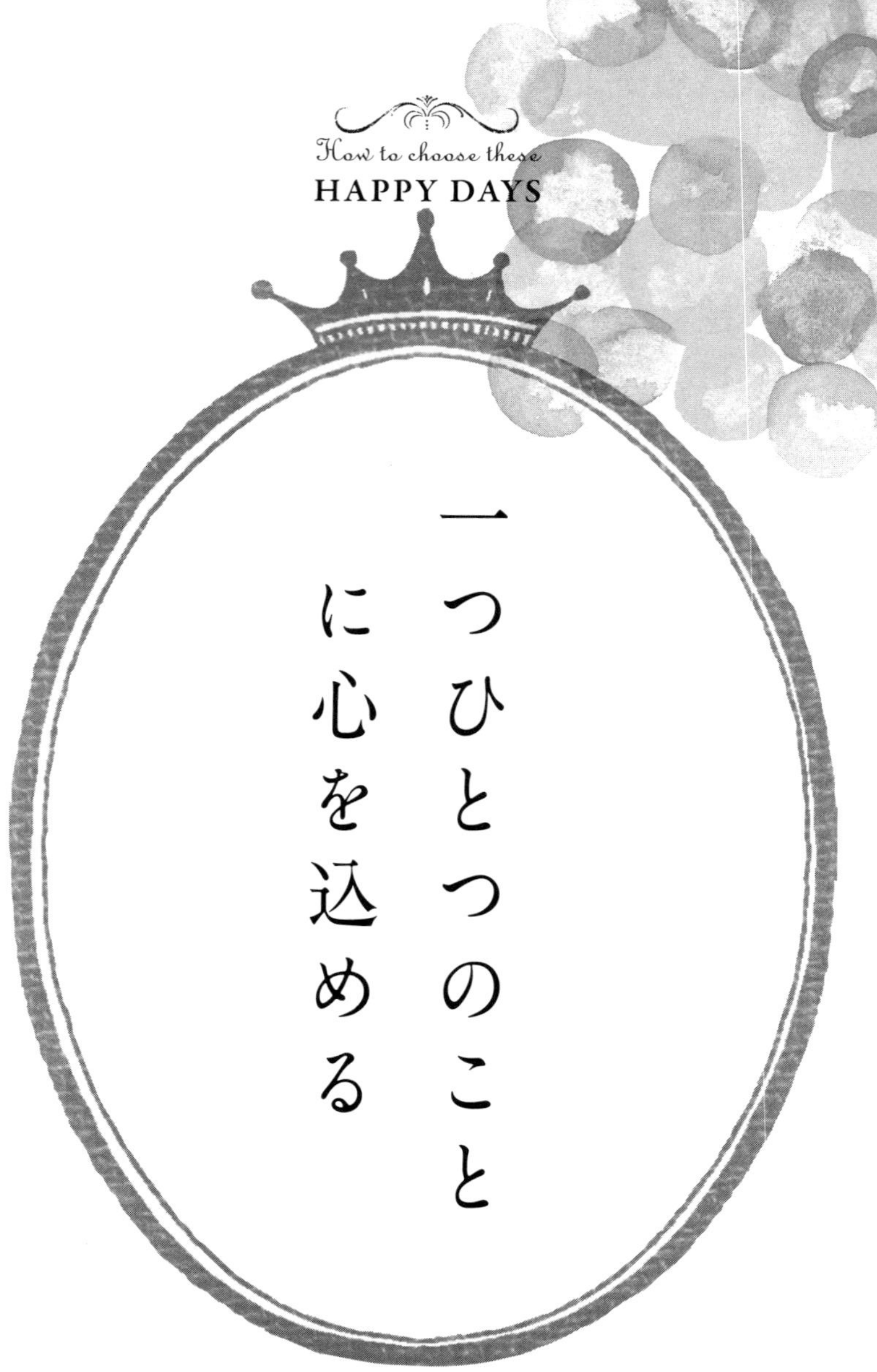

一つひとつのことに心を込める

自分が楽しかったり気持ちよかったりすることで人を喜ばせることができたら、その人の喜びは自分に跳ね返ってきます。このように周囲の人と幸せのキャッチボールができることが、一番の幸せではないでしょうか。

こんな**幸せの相乗効果を生むには、目の前の一人ひとり、目の前の一つひとつに心を込めることが大切**です。

一つひとつのことに心を込めると、「運」が運ばれてきます。

例えば、声をかけて頂いた仕事はありがたくお引き受けし、全力で丁寧にやらせてもらう。そうすると、人から信頼されます。人は、信頼する人の力になりたいと思うものですよね。その結果として、新たなご縁や新しい仕事を頂けたりするのです。

人に対しても同様で、一人ひとりに心を込めて接することが幸せを運んでくれます。

昨年、大阪マラソンでチャリティのお仕事をさせて頂いた時に、インタビューで「アンさんがされている『チャリティ』とは、どういうことですか?」というご質問を頂きました。

一瞬、答えに詰まった私。私はいくつかチャリティ団体を支援しているけれど、それをすべて挙げるのは何か違うと思ったからです。そういうことではなく、私の芯にあるチャリティ精神とは何かをちゃんとお答えしなければ、と思いました。

そして、出てきた答えが「一人ひとりの人と、心を込めて向き合うこと」でした。

例えば、毎日、人とちゃんと目を合わせて「おはよう」と言って、相手の心が一日明るくなるよう挨拶する、「今日はちょっとカジュアルで、かわいいね」と相手の素敵なところを褒めるなど、人に心を込めて接します。

小さなことかもしれませんが、**愛は生きる勇気を与えます**。一つの言葉や行ないに愛を込めることが「和」を生み、自分も相手も幸せになれるコミュニケーションにします。これこそが、私にとってのチャリティです。「愛情を分かち合っている」と幸せに感じる瞬間だな、と思うのです。

私の旦那様によると、英語で「運がいい」とは〝blessed(ブレスト)〟と言うのだそうです。

〝bless〟とは「神のご加護・祝福」といった意味なので、〝blessed〟は単純に言えば

「神に祝福された」という意味。ただ、この言葉には、「自分の努力が巡り巡って、神に祝福された」というニュアンスがあるそうです。

〝blessed〟に表現されているように、**運も幸せも、他力本願など絶対にあり得ません。**

まず、自分が一つひとつのことに心を込めること、一人ひとりに心を込めて接すること。

こうして自分が起点になったところへ運が運ばれ、幸せが訪れるのです。

運は、心を込めたところに来る

独り占めはひとりぼっち

私がよく口にする言葉の一つに、「独り占めは一人ぼっち」があります。これは、お金でも何でも、**独り占めしようとする人は、結果的に孤独になる**という意味です。

ワクワクを独り占めすることも、同じです。

幸せの選択5箇条でも挙げたとおり、自分のワクワクするものを選んだり、ワクワクする方向へ進むことが、幸せな人生を作るための必須条件です。でも、自分のワクワクには、「人の役に立つ」とか「人を喜ばせる」ことが伴わなければ、本当に幸せにはなれないのではないでしょうか。

例えば、すごくマニアックな趣味を持っている人がいたとしましょう。その趣味を自分一人だけの楽しみにしているうちは、その人は社会と手をつないでいません。人に求めない代わりに、人からも求められない、ひとりぼっちの人生です。それで幸せかというと、やっぱり幸せとは言えませんよね。

ところが、その人が「これは楽しいから、人に広めたい」と思って**社会と手をつないだ瞬間、その趣味は、この世における役割に変化します**。

パソコンをいじるのが趣味の人が、仕事を劇的に効率化するアプリケーションを作るとか、鉄道オタクの人が、精緻な乗り継ぎの知識をネット上で共有するとか……。何にしても、自分の喜びを人のプラスになるように使うのであれば、それは「人のお役に立たせて頂いた」ということです。

人のお役に立たせて頂くことも大切。自分がワクワクすることも大切。

ワクワクできないことで人に尽くしても成果は出にくいものですし、あまり幸せな生き方とは言えません。みんなが異なる人格を持つ中で、**それぞれのワクワクを持ち寄り、自分にふさわしい場でこの世における役割を果たす。それが「一番の幸せ」**ではないでしょうか。

人と分かち合うことが、幸せへの道

悩みがない、苦労がないなら、それでいい

人の悩みにはたくさんの種類がある一方で、「悩みがないのが悩み」という人も、意外と多いような気がします。

「私にはぜんぜん悩みがないけど、このままでいいのかなぁ……」

こんなぼやきも、たびたび耳にします。よく「悩みが多いほど人間的な深みが増す」などと言いますから、「悩みのない自分は人間的に浅いままなのでは……」と思ってしまうのかもしれません。

でも、それはちょっと違うような……。

人はみな幸せになるために生まれてきたのではないでしょうか。だから、苦労して耐えなくてはいけないなどと思わなくていい。むしろ、悩みがないというのはすごく幸せで素晴らしいことだと、私は思います。

「若い頃の苦労は買ってでもしろ」と言うように、日本人は全般的に「苦労しなくてはならない」と思っているところがありますよね。

でも、私には、それはすごくもったいないことに感じられます。

大して悩まずに今まで生きてこられたのは、きっと悩まずに済む状況を、知らないうちに自分で作ってきたから。

例えば、人間関係に悩みがないのは、みんなに笑顔で平等に接しているために誰からも愛されているせいかもしれません。仕事に悩まないのは、好きなことを仕事に活かし、毎日ワクワクドキドキしながら働いているからかもしれません。

たとえ苦労しても、挑戦して失敗しても、すべて前向きに受け止めて学べるために、後悔して悩むことがないだけでしょう。

悩みがない人は、ゴミに気づいたら拾うとか、掃除してくれる方に笑顔で「ありがとうございます」を言うとか、小さな徳積みもしているのではないでしょうか。そうやって積み重ねた徳が困った時に返ってきて、どこからか救いの手が差し伸べられてきたのかもしれません。

悩みがないのは苦労不足でもなければ、人間が浅いということでもないのです。徳を積み、周りの人に回している人、ワクワクすることに素直に生きている人は、幸せに生きることができる。つまり、**悩みがないのは、幸せを選ぶ力が備わっているから**、と言うこともできるのではないでしょうか。

「もっと苦労しなくちゃ」などと思う必要はありません。

「悩みがないのが悩み」という人は、そのままのあなたでこれからも過ごしてほしいな、と。それが、一番の幸せの選択だと私は思うのです。

ただし、「悩みがない」のを通り越して「自分には何もなくて、空っぽな気がする」といった空虚感があるとしたら、少し問題かもしれません。

「自分には何もない」と感じてしまうのは、ひどく傷ついた経験もなければ、反対に、ものすごくワクワクしたこともないからだという気がします。「何か違う」と魂が訴えているのに、何となく日々をやり過ごす。そして気づいたら、自分がすごく空っぽになっていた……。そんな感じなのではないでしょうか。

私はよく、感情をぶつけないほうがいいとお話しします。ただ、「悔しい」とか「傷ついた」というような感情そのものは健全です。**自分を大切に思えばこそ、湧き上がるのが感情**だからです。

そんな感情の揺れすらあまりない。そして、どこか自分が軽いような、何をしても虚しいような状態に陥っているのだとしたら、まずは自分を見つめることから始めてみてはどうでしょう。

自分は何に心動かされるのか、何をすると心安らぐのか。さらには、何を楽しいと思うのかまでわかったら上出来です。こうした自分の心の動きをもう一度丁寧に見つめ、そこから、今、自分は何をしたいのかを少し考えてみてください。

きっと、心にぽっと光を灯すような、小さくても大切な答えが見えてくるはずです。

あなたは今、何に心が動かされますか？

How to choose these
HAPPY DAYS

「若さ」への執着を手放したほうが、ずっとキレイでいられる

日本では「女性の若さ＝価値」というような風潮が、まだ強く残っているからでしょうか。年齢を重ねるにつれ、自分の年が気になり始める女性は少なくないようです。若さは美しさであり、年を取れば取るほど、美しさは減っていく……。なんてもったいない考え方なのでしょう。**年を重ねることは経験を重ねること**。人として、女性として、深みと色気が増し、それが内側から放たれて輝くような美しさになるというのに。

みんな平等に年を重ねます。そうであるならば、若さに執着するよりも、年々の自分の変化を受け入れ、そんな自分を慈しみながら生きてみませんか。年齢を憂いたり、抗ったりするよりも、そのほうがずっと美しく、幸せに暮らしていけるのではないでしょうか。

今の自分を好きでいられることが、一番素敵です！ 年齢に抗って過剰に若作りをするのはどうかと思いますが、自分を美しく保つという心がけは忘れたくないですよね。その年齢なりの美しい見せ方というものがあると思うのです。肌質、髪質、目の色、顔の輪郭や体のラインなどは年々変わっていきます。その過程で、「今の自分を一番美しく見せる」ためのヘアスタイル、メイク、ファッションを研究することも大事です。

もちろん、**体も髪の毛も肌も、その年齢に合ったケアをすることも大切**です。現在は、コスメなどにしても、そのサポートをしてくれるいいものがたくさんあります。そうしたものを上手に利用しながら、自分自身をケアしていきましょう。

私たちの細胞には生活や生き方が滲(にじ)み出てきます。だからこそ、きちんとケアをしてあげたい。「今日も頑張ったね」などと自分を褒(ほ)めてあげながら、両手の平でそっと頬を包み込む。これだって立派なケアです。**自分へのケアは、自分を慈しむこと**。そして、**自分を慈しみながら日々を丁寧に生きてこそ、年齢に見合った美しさが出てくる**と思うのです。

年齢ごとの美しさを楽しみながら経験豊かに成長していけば、年を重ねるごとに魅力が増してくる、と私は信じています。シワ一つない肌を目指すのではなく、その年齢なりに上手にシワを刻んでいきたい。そう思っています。

美しいシワを刻んで、心身ともに時を越えた美しさを

How to choose these
HAPPY DAYS

朝の習慣一つで一日笑顔でいられる

いつも笑顔でいるには、自分で自分を癒し、元気づけてあげる習慣も欠かせません。

特に、**一日の始まりである朝の習慣はとても大事**です。

例えば私は、朝気持ちよく目覚め、元気よく出かけるために、「音楽の力」と「香りの力」を借りています。

ジリリリリリ――。味気なくてけたたましい目覚ましの音で起こされると、「気持ちよく寝てたのに」と、なんだか腹立たしくなってきませんか。そこで私は、自分の大好きな音楽で徐々に目覚めるようにしています。

言葉に言霊（ことだま）があるように、音楽にも音霊（おとだま）があります。音の波動は、人の心身の深いところに影響するもの。気持ちのいい音楽やリラックスする音楽、テンションが上がる音楽を日々の生活に取り入れてみてはどうでしょう。

私自身は、Ｒ＆Ｂなど少しアップテンポのものを選ぶことが多いのですが、エンヤのようなフワーッとした幻想的な音楽もおすすめ。朝から神聖な気分になれます。

もしペットがいるのなら、朝から一緒に遊ぶのもいいですよね。

我が家には２羽のインコがいます。朝になると彼らは、美しいさえずりを聞かせてくれます。この鳴き声も私にとっては「音の力」になりますし、生命力溢れる彼らと戯れるだけで元気をもらえます。

「香り」にも優れた力があります。五感が潜在意識に働きかけることは前にお話ししましたが、特に嗅覚。**心地いい香りは良い感情を育てる**とされているのです。

朝シャワーを浴びる人なら、自分の大好きな香りのボディソープやシャンプーを使ってみましょう。自分の好きな香りに包まれた一日のスタート、ポジティブにならないわけがありません。

シャワーの時に、ペパーミント、ローズマリー（高血圧の人は使わないでください）、ジュニパー、サイプレス、グレープフルーツ、レモンなど、交感神経を立ち上がらせてスッキリ目覚めさせてくれるアロマを使うのもおすすめですね。

「食」は「人」を「良」くすると書くように、一日のエネルギー源である朝食も大切です。私はいつも「これが自分の血となり肉となり、一日のエネルギーとなります。ありがとうございます」と思って、体にいいものを頂くようにしています。

出かける支度が済んだら、最後にご先祖様に手を合わせて出かけます。

ご先祖様に限らず、両親でも神様でも太陽でも、なんであれ**自分の信頼できる大きな存在に「今日も私を守ってください」と手を合わせる**。すると、不思議と「守られている」という自信が湧いてきて、自然と笑顔になれます。堂々と胸を張って出かければ、周りの人の目にも輝いて見えることでしょう。

目覚めから出かけるまでの習慣が一日の活力となる

How to choose these
HAPPY DAYS

夜は幸福感を高める過ごし方をする

一日頑張って疲れて帰ってきた夜は、自分を癒すことが一番です。ゆっくりお風呂に入って温まり、自分のためにグッスリ眠れる環境を整えてあげましょう。

寒い冬の夜は、肩の辺りが冷えると体の疲れが取れません。かといって毛布や布団を重ねてしまうと、今度は寝苦しくなってしまいます。

そこでおすすめなのは、フワフワで気持ちいい素材のブランケットを、肩にかけて眠ること。ほどよく肩まわりだけが温かくなりますし、肌触りもいいので、気持ちよく眠れますよ。


また、嗅覚は人間の五感の中でもっとも原始的な感覚ですから、入浴時や就寝時にも癒し効果のあるアロマを使うと、心身の奥底が癒されます。

夜におすすめのアロマは、ネロリ、ジャスミン、ローズ、イランイラン、ローズウッド、サンダルウッド、ラベンダーなど、花から採れる幸福感を高めるアロマオイルです。

ただし、アロマポットで焚く場合、ラベンダーの種類によっては高い温度で熱することで毒素が出てしまう危険があります。買う時には、お店の人によく確認しましょう。

特に妊婦さんは気をつけてください。

夜におすすめのアロマを挙げましたが、あくまで理論上の参考です。アロマに限らず、自分自身が落ち着く、癒されると感じる香りがわかっているのなら、それを使うのが一番。例えば、夜に「スッキリ疲れを取りたい」と言って柑橘(かんきつ)系のアロマを使う方もいます。

ほかにも数えきれないくらいアロマオイルがありますが、基本的な考え方として、**「植物と人間の体は同じ」と覚えておくといい**でしょう。

植物の葉は「手」。傷を癒すことを「手当て」というように、ユーカリやサイプレスなど葉っぱから採れるアロマオイルには、たいてい殺菌・抗菌作用があります。

雌(め)しべのある花は「女性器」。イランイランやジャスミンなど花から採れるアロマオイルには、ホルモン調整や幸福感を高める効果があります。

根っこから茎は「胴体」。サンダルウッドやミルラ、ジンジャーなど根や茎から採れるアロマオイルは、大地のエネルギーで体を温め、体の内側の循環を促してくれます。

このように、ちょっとした知識を持っていると、上手に自分の心身を慈しんであげられるようになるでしょう。

好きなものに囲まれていると、潜在意識が「幸福」を意識しますから、あなた自身の幸せを選択する能力も冴えてくるはずです。部屋をいつもキレイにして、好きなインテリアでまとめ、お気に入りのものたちに囲まれる環境を作っておきましょう。

その、我が家という一番落ち着く場所で、音楽の力や香りの力を上手に借りながら、日々、自分を癒したり元気づけたりしてあげてくださいね。

最後に、朝と夜におすすめのアロマ使用法を簡単に紹介しておきます。どれも火を使わない安全な使用法ですから、ぜひ参考にしてください。

1．アロマの水蒸気浴

・方法1……浴室にアロマを数滴垂らし、その上に熱いシャワーをかけ、アロマの香りで浴室を満たします。

・方法2……洗面器に湯をはってアロマを数滴垂らします。そこに手首の辺りまで浸しながら、頭から肩まですっぽりバスタオルをかぶります。肩や首の凝りが取れ、冬風邪の防止にも効果的です。

2．ピロースプレー、アロマこより

市販のアロマスプレーを、就寝前に枕にシュッシュ。または、ティッシュをこよりにした先端にアロマオイルをつけ、ベッドサイドにポン。翌朝まで香りが持続し、気持ちいい目覚めをもたらします。

こよりにしたティッシュは、バッグに入れるだけでも、開けるたびにいい香りがして元気がもらえます。

心地よい環境が、幸せな生活を作る

How to choose these
HAPPY DAYS

お金は「人が喜ぶこと」「自分が成長できること」に使う

あなたは、ふだん、どんなお金の使い方をしていますか?

生活費や交遊費、自分のちょっとした楽しみのため……と、いろいろなお金の使い方がありますが、同じお金を使うにしても、「徳」のある使い方と、「徳」のない使い方では、あとあと大きな違いが出てくる、と私は考えています。

お金は、天下の回りもの。今、あなたの手元にあるお金は、人から人へと回り回って、あなたのもとへやってきました。あなたも、また次の誰かにお金を回すことで、世の中は成り立っています。だから、お金はなるべくありがたく使わせて頂いて、次に回すこと。そして、せっかくなら、「徳」のあるような回し方をしたいものですよね。すると、お金を回すのと同時に徳も回すことになるのです。

お金はエネルギーでもあります。お金を使ってエネルギーを回していくと、エネルギーの器はどんどん大きくなっていきますが、**徳のあるお金の使い方をしていけば、徳の器も大きくなっていきます**。そして、いつか必ず、その恩恵やご加護のようなものが、自分のもとに戻ってくるはずです。

私自身もそうしているのですが、**お金を使う時、「人の喜ぶことに使う」を基準にすると、徳のある回し方ができる**のではないでしょうか。「幸せの選択5箇条」にも『人の幸せになること』を選ぶ」とあるように、人を喜ばせるお金の使い方をすると、自分も自分のまわりも幸せで包み込むことができるように思います。

そこで、私がもっとも頻繁にすることの一つが、贈り物をすることです。

誕生日や結婚や出産……。相手との距離にもよりますが、お祝いごとには、ささやかでもプレゼントを差し上げるようにしています。小さな花束でもチョコレートの詰め合わせでもいいのです。ただ、何を贈るにしろ、必ず一言でもメッセージをしたためたカードを添えておきます。自分がもらう側だったら、やっぱり嬉しいと思いませんか。

もちろん贈るほうも、ちょっとしたサプライズで喜んでもらえると「やった！」と嬉しくなりますよね。それに**「おめでとう」は大きな浄化の言葉**なので、**心から人を祝うことで、自分の心までキレイになれる**のです。

お世話になっている人や、何か私のために力を尽くしてくださった方へ御礼をすることもしょっちゅうです。

私が手にしているお金は、私が精一杯、仕事をした対価です。

でも、仕事をさせて頂けるのは、マネージャーをはじめ数々の人の尽力があってこそ。それを当たり前とは思っていないので「ありがとう」の気持ちを込めて、お食事をご馳走したり、プレゼントをお渡しします。そんな時に素直に喜んでもらえると、感謝されたくて御礼をしているわけではないけれど、「もっとこの人たちのために頑張ろう」と思える自分がいます。

人の喜ぶことにお金を使うと、こんなふうに自分も活力をもらえるんですね。

ほかには、チャリティに募金するという使い方もいいでしょう。

今はネットで検索するだけで、いろいろなチャリティ団体が出てきますし、しっかりしている団体は、活動内容から収支報告まで公開しています。共感できるところを見つけて、わずかでも寄付に参加されてみてはいかがでしょうか。私は、そのお金が誰かのためになると思うと、自分自身も嬉しくなってしまいます。

プレゼントや寄付など「人の喜びのため」だけではなく、自分のためにも「徳」のある使い方はできます。

旅をして見聞を広げる、料理教室に通って人に振る舞えるように腕を磨く、お茶やお花を習って日本文化への造詣を深める……。自分を高めるために、**ワクワクすることにお金を使うのも、十分に徳のある使い方**なのです。

「徳のあるお金の使い方」などと言うと大袈裟（おおげさ）に聞こえるかもしれません。でも、じつはとても簡単なこと。一生懸命に働いて得た大切なお金だからこそ、人のため、自分のために生きた使い方をして、徳を積んで回していきたいものですね。

徳を回すお金の使い方で、いい世界が作られる

chapter 02 COMMUNICATION

幸せな人間関係の選び方

- ○「疑う」より「信じる」ほうが気持ちいい
- ●考えたいことは、夜に書き出し、朝に見直す
- ○身だしなみは生き方、マナーは思いやり
- ●自分から「笑顔の種」を蒔く
- ○嫌いな人を愛せなくても、許せなくても、感謝はできるはず
- ●愛に勝る力はない
- ○ユーモアは人生の円滑油
- ●聞き上手こそ、みんなに愛される会話上手
- ○人も自分も幸せになれる「贈り物上手」になろう

How to choose fortunate

COMMUNICATION

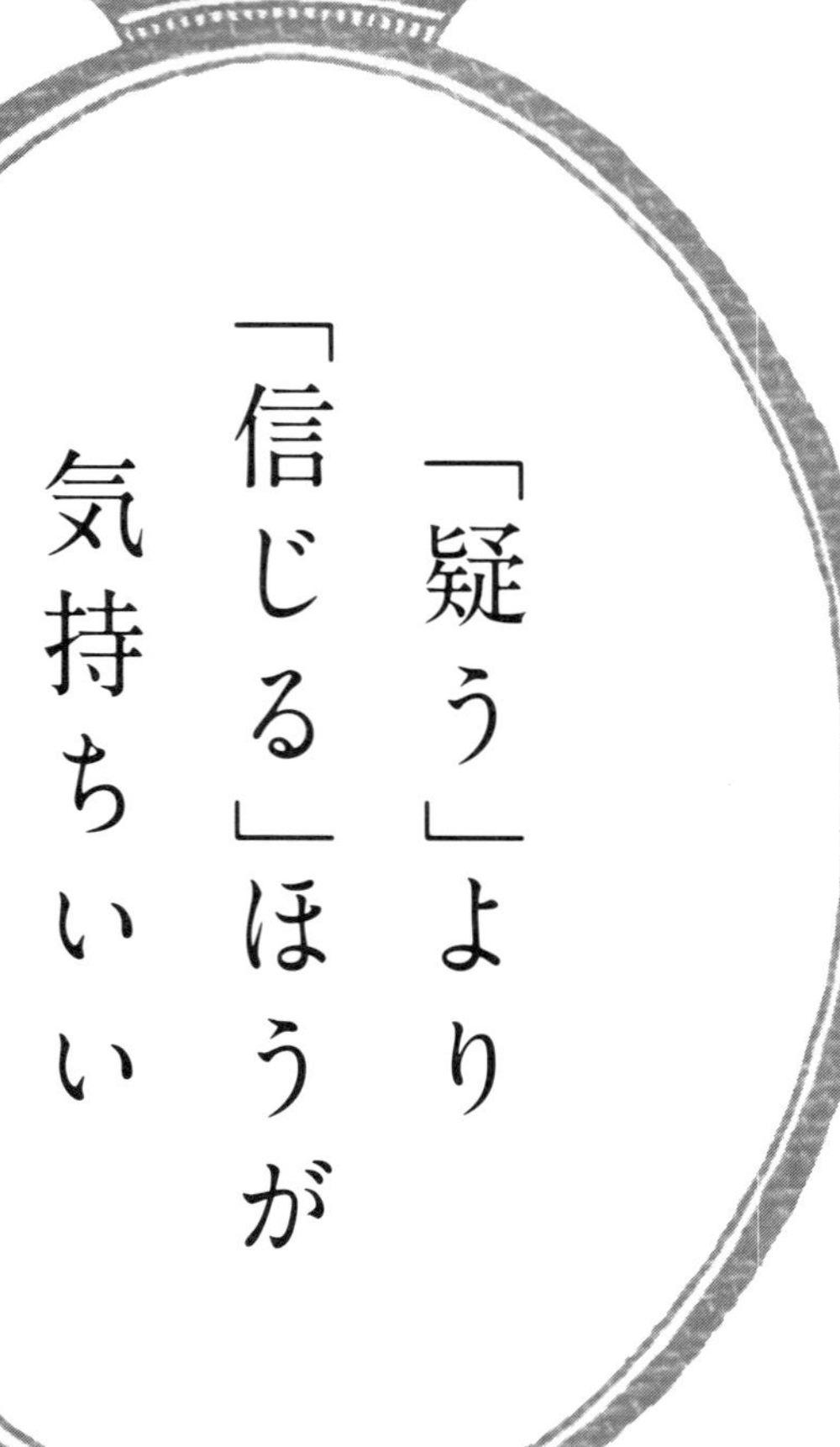

「疑う」より「信じる」ほうが気持ちいい

もう何年も前から、「ケータイは一人1台」が当たり前です。

便利な世の中になったと思う反面、アナログ的な良さが失われつつあるな、という憂いも……。

パートナーのケータイに電話をしてつながらなかった時、「どうしてつながらないの!?」とイライラしたことはありませんか。

今どき電波なんて、どこでもつながるはずなのに！　こんな苛立ちは、簡単に「疑い」に変化します。「つながらないってことは、もしかして……」と。

でも、仕事が忙しくて電話に出られないこともありますよね。大事な商談中に電話のスイッチを切らず、私用の電話に出る人がいたら、そのほうが問題です。それなのに、苛立ってしまうのは、「いつでもつながって当たり前」という**便利さが、相手の状況を慮**（おもんぱか）**る想像力にフタをしてしまっている**のではないかと思うのです。

かつては、自宅の電話が一番早い連絡手段でした。すべて昔がよかったとは言いませんが、家の電話しかなかった頃は、相手を疑いようもありません。

彼の家に電話をかけて、お母さんに「すみません、息子は熱があって電話に出られないんです」と言われたら信じるしかない。そして、彼の体調を気遣って果物一つ届ける優しさも生まれたでしょう。

かつては、直接たしかめないまでも、相手を信じることができたのです。

待ち合わせでも、外では連絡手段がありませんから、「遅れたら心配させる」とばかりに、必死で時間を守ったものです。待つほうは、会いたければ何時間でも待ちました。私なんて半日も待ったことがあるほど。夜になっても相手が来ず、泣きながら帰ったのですが、じつは相手が約束の日を間違えていただけでした。こうした行き違いも珍しくなく、そこからドラマが生まれる時代でもあったんですよね。

でも、今は「ごめん、10分遅れる！」で許される風潮になっています。

ケータイが普及して、ドタキャンが増えたとも言いますよね。遅刻やドタキャンを責めれば、「連絡したじゃん！」と逆ギレする人も少なくないのだとか。

「いつでもつながるのが当たり前」の中で生じている、コミュニケーション障害と言えるのではないでしょうか。

ケータイもスマートフォンも、とても便利なツールです。
私自身、本当に助かっていますし、これらを否定するつもりは全くありません。
けれど、**便利さに振り回されないためには、相手の都合を想像して「信じる」という**
ことを忘れないでいよう、と心に誓っています。
大切な相手を疑うより、信じるほうがずっと気持ちいい。
疑いは、自分の心を暗く染めてしまいます。だったら、まずは相手を信じて、いつも
明るい心でいられるようにしませんか。

相手のことを信じれば、毎日は心地よくなる

How to choose fortunate
COMMUNICATION

考えたいことは、夜に書き出し、朝に見直す

人間関係の悩みで悶々としてしまってどうにもならない。そんな時は、そのモヤモヤにフタをせず、しっかりと向き合うことが大切です。

一日のコミュニケーションを振り返り、**人とのやり取りでどうにも納得できないことがある場合、私はその相手との会話を一通り書き出す**ことにしています。

人間関係でモヤモヤしたことを書き出してみるというのは、言ってみれば、自分で自分をカウンセリングするようなものです。私は、日本でももっと専門家のカウンセリングを受けることが一般的になればいいと思っているのですが、現実には、あまり広まっていません。そんな中、人と会話することで答えを導き出すというプロセスを、自己完結型で行えるのが「書き出す」という作業です。これなら簡単にできますよね。

例えば、「私はすごく怒っている」という場合。紙に「怒っている」と書いたら、「何に対して？」「相手はどんなつもりだったと思う？」というふうに筋道立てて書いていきます。

すると、さっきまでは、「怒っている」「傷つけられた」「相手が悪い」などと思っていた感情が、「そんなに被害者意識丸出しにならなくていいかも」「相手の言葉尻をとらえて何をそんなに私は怒ってるんだろう」と思えてきたり……。**書き出してみると、やりとりを客観的に見ることができます**。引っ掛かりを覚えていた相手の言葉も、冷静に見つめると、自分の取り違いだったことがわかったりする、ということなんですね。

もちろん、書き出してみても、やっぱり納得できず、モヤモヤのスパイラルにハマってしまいそうな時もあるはずです。

これは、「夜」というのが問題です。

空の色は、「青」ですよね。それにも2種類あって、朝から昼間にかけての空は明るい青で父性を表す安心の色、夜は濃い青で、一人じっくり考えにふける色。つまり、**夜は「内省」といって、考えがどんどん自分の内側に向かう時間帯**なのです。

心理学的にも、同様のことが言われており、頭の中で延々と自問自答をくり返し、考えがグルグルと螺旋階段を下りるように深く落ちて、ネガティブになりやすいとされています。

真夜中、思考の深みにハマり、熱すぎるメールや重すぎるメールを誰かに送ってしまって、翌朝、後悔したことはありませんか。

私にも一度だけあります。相手にも迷惑をかけてしまいましたし、ひどい自己嫌悪。だから私は、二度とそんな思いをせずに済むよう、まずは思ったことをダーッと書き出してみるようにしています。すると、いったん冷静になれるので、少なくとも勢いに任せて行動することは避けられます。

書き出してみて納得できなくても、その夜はもう考えないようにするのが賢明です。私自身もそうしています。列挙したら、腑に落ちようが落ちまいが、考えるのはもうおしまい。できるだけ眠るように努めるのです。

夜は、体はもちろん、心を休めるのにも大切な時間です。寝室で香りのいいお香を焚いたり、好きな匂いのアロマをスプレーしたり、美しい言葉やビジュアルの本をめくったり……。すんなりと眠りに落ちるための心地いい環境を、自分自身のために作っています。

そして、翌朝目覚めたら、前夜の〝宿題〟に取り掛かります。というと大袈裟ですが、つまりは、前の晩に書き出したことを見直してみるのです。

すると、不思議なことに、どうしても納得できなかったことがスーッと腑に落ちたり、「私、こんなこと考えていたの⁉」と驚いたり、「なんて私は暗いことを考えていたのかしら」と笑ってしまったり。ダークな夜空とは異なり、明るい空色のもとでは違う発想で物事をとらえられるようで、新しい発見があったり、ポジティブに考えることができたりするようです。

自分が考えたことを見直しながら、これからの**幸せを作る選択をするなら、絶対に陽の当たる時間帯がおすすめ**ということですね。

考えたいことは夜に書き出し、朝に見直す。皆さんも、ぜひ実践してみてください。

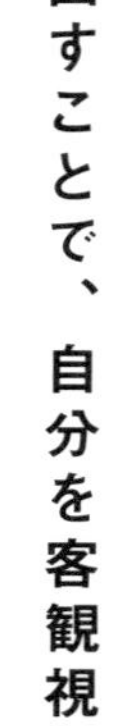

書き出すことで、自分を客観視できる

How to choose fortunate
COMMUNICATION

身だしなみは生き方、マナーは思いやり

「人は見た目ではない」という考え方もありますが、やっぱり素敵にしていたほうが、幸せになれるのではないでしょうか。

特に大切になってくるのは、初対面の人と会う時です。

見た目がいいと、相手に与える第一印象が変わります。**第一印象は、5割が最初の7秒で決まり、その印象はなんと半年も脳裏に残る**と言われていますが、わずか7秒間で目にするものといったら、その人のパッと見の外見、そして、外見から醸(かも)しだされる雰囲気くらいのものでしょう。

では、その外見や雰囲気を左右するものは何かというと――。**まず大切なのは、姿勢**です。姿勢が美しくあってこそ、身にまとう洋服もその人自身も素敵に見えますよね。

よい姿勢になるために、よく「丹田(たんでん)に力を入れて」とか「骨盤を立てるつもりで」などと言われますが、スポーツをやっているなどして骨や筋肉について熟知している人でもない限り、なかなか難しいものがあります。

そこで私は、「胸にも目があると考えましょう」と提案しています。

胸の目を使って、相手を見るようにすると、自然と背筋が伸びます。筋肉を意識して背筋を伸ばすよりずっと自然で、気持ちよく、よい姿勢になれますよ。私はこれを「オープンハートの原理」と呼んでいます。

オープンハートを意識していると、後ろから呼びかけられた時も、胸の目で相手を見ようとするため、体ごと相手に向き直るようになれます。すると、「はい」と首だけで振り返るより、ずっと丁寧な印象を与えます。実際、オフィスでオープンハートを心がけるようにした女性が、同僚の男性に好意を抱かれたという話もあるくらいです。

こんなふうにして姿勢を正すのは、お金も時間もかけずに、誰もがすぐにできること。こんなに簡単でありながら、姿勢を正した瞬間からまわりの印象はもちろん、自分の心持ちも変わる、というすごい魔法が働きます。

昔から「腑(ふ)に落ちる」「肝に銘じる」など、内臓と心を結びつける言葉があるように、姿勢をよくして体の中心がしっかり定まると、心も定まります。すると、自分の心のあり方が変わり、出てくる態度や言葉まで違ってくるのです。**よい姿勢という「形」そのものよりも、姿勢にともなう「内面」の変化が、相手に与える全体的な印象を変える**のではないか、と私は思っています。

第一印象はもちろんですが、その後のあなたの印象を大きく左右するのは姿勢であることを覚えておいてくださいね。

パッと見や雰囲気を左右する要素として、**もう一つ大切なのは、身だしなみ**です。「素敵な身だしなみ」とは、値段の高い安いにかかわらず、自分に似合う色や形をきちんと選び、ふさわしい形で身につけるということ。そういう**本当の意味での素敵なファッションは相手へのマナーであり、最強のコミュニケーションツール**です。

特に**年齢を重ねるほど、身だしなみは、その人の生き方を物語る大切な要素**になってきます。初対面のたった7秒の間でも、身だしなみを通じて「私はこういう人間です」とコミュニケーションしているんですね。

初対面同士だと、目の前にいる相手の装いは、もっとも話題にしやすいテーマの一つではないでしょうか。

本当に似合うファッションは、会話の糸口になってくれます。「素敵ですね」「すごくお似合いですね」というふうに会話が広がっていくのです。お互いに褒め合えるので、その場にはいいエネルギーも生まれます。

では、自分に似合うファッションをするには、何が必要でしょうか。

自分の体型や肌の色合い、顔の骨格や首の長さ……。すべてを考えた上で、自分に似合う色や形を選び取る、つまり、ここでも「自分を知ること」が重要になってきます。

例えば、私は首が長くて、顔、特に顎の骨格が結構がっつりしています。そんな人がぴったりしたタートルネックを着ると、顔が極度に「３Ｄ化」して、顔が大きく浮き出て見えてしまいます。

ですから私は、タートルネックでもゆったりとしたオフタートルを選ぶようにしています。首まわりにふんわりと布をまとうと、顔の骨格の部分と同じくらいに首から胸元を出っ張らせてあげることができて、顔が引いて見えるのです。

端的に言えば、**短所に工夫を加え、目の錯覚を起こさせるのが、似合うファッションのコツ**。長所、短所を含めて自分を知ることで、自分らしい素敵なファッションのあり方が見えてくるはずですよ。

形から入ることで、心も行動も変わる

How to choose fortunate
COMMUNICATION

自分から「笑顔の種」を蒔（ま）く

毎日を幸せに、自分も人も心地よくするために、私が大切にしていること。

よく聞かれるのですが、一番は何と言っても「笑顔」です。

笑顔ほど、すぐにできて、しかも効果の高い幸せの選択はありません。


興味深い話を読んだことがあります。

それによると、人の脳の前頭葉のあたりに「美しいもの」を認知する部分が発見されたそう。この部分は、いわゆる〝美人〟の女性と相対すると反応しますが、世間的に不美人とされる人と相対しても、反応しないとか。ところが、その不美人の女性が「笑顔」になると、美人と相対した時と同じように反応するのだとか。

つまり、人の脳は、顔の造形などは関係なく、「笑顔」を「美しいもの」と判断するということのようです。

笑顔でいると人から好印象を持たれるのも、もしかすると、人の脳と関係があるのかもしれませんね。

いずれにしても、笑顔とは不思議なもので、その場にいる誰か一人が笑顔になれば、周囲の人も自然と顔がほころんできます。

「笑顔は人にうつるのよ」

幼い頃、母はいつも私に言っていましたが、本当にその通り。**あなたが笑えば、必ず笑顔の連鎖が起こって心地いい環境が作られていきます。**

人が笑顔になる種は、自分の笑顔です。いつも、自分から笑顔の種を蒔いていれば、周囲にも笑顔の花が咲いていくでしょう。

もう一つ、笑顔は大きな力を持っています。

怒りや憎しみといったマイナス感情に襲われそうになった時、私は、ひと呼吸おいてから笑顔を作ってみるようにしています。そうすると、強い風にあおられたかのように揺れていた心のブレがなくなります。ピタッと中心に止まるという感じでしょうか。

ふっと冷静になって自分を取り戻せるのです。

人は必ずしも幸せだから笑うのではなく、笑うことで幸せな心になれる。

私はそう思っています。

いつもニコニコしていると、考え方までポジティブになってくるから不思議です。笑顔は、心にそれほど大きな作用をもたらすものなんですね。

「平和は微笑みから始まります」

マザー・テレサの言葉で、私が大好きなフレーズの一つです。平和は微笑みから始まる……。なんと含蓄のある言葉なのでしょう！

マザー・テレサが言ったように、微笑みは、いろいろな意味での〝平和〟をもたらしてくれます。だから私自身、これからもずっと笑顔を大切にしていきたいと思っています。ぜひ皆さんも、笑顔とともに生きてくださいね。

笑顔があるから幸せになれる

How to choose fortunate
COMMUNICATION

嫌いな人を愛せなくても、許せなくても、感謝はできるはず

近年は、お母さんとの関係に問題を抱えている女性が話題になっています。心理カウンセリングでは、このような問題を抱えた方に、次のように問いかけると言います。

「お母さんのことを愛せますか？」

「愛せないなら、許せますか？」

「許せないなら、感謝はできますか？」

こういった問いかけをされて、「愛せない」「許せない」と答えた人でも、最後に「感謝だったらできる」と答えることが多いのだそうです。

「じゃあ、愛さなくても許さなくてもいいので、まず感謝することから始めましょう」カウンセラーの言葉に従って感謝しているうち、徐々にお母さんのことを許せるようになっていく人がほとんどだということです。

愛せないし、許せない。だけど感謝はできる。これは、私たちが抱えている人間関係にも通用するのではないでしょうか。

私自身にも覚えがあります。ある人のことを信じ、頼っていたのですが、いろいろなことが重なって、私はその人のことを嫌いになってしまいそうでした。

でも、振り返ってみると、その人からあれこれ言われたお陰で、「あなたがそう言うのなら、じゃあ、私はこうしてみるわ」と考え、思いも寄らぬ体験ができたこともありました。また、私が挑戦しようとしていたことをその人に止められ、迷いながらもついに挑戦して成功したこともあります。これは、その人が止め続けてくれたお陰で、図らずも私のベストタイミングで挑戦できた、と考えることもできます。

そんなことを思うと、心のモヤモヤがふっと消え、その人に対して素直に「ありがとう」と思えたのでした。

もしあなたにも嫌いな人、許せない人がいるのなら、好きになろうとも、許そうともしなくてかまいません。ただ、その人のことを**反面教師にして自分が成長できると思えば、感謝はできる**のではないでしょうか。

「嫌い」はとてもしんどい感情です。心の隅に暗い影を落とし、自分が傷ついてしまいます。**好きになれない人のせいで自分が傷つくなんて、それほど悲しいことはない**ですよね……。相手に対して「ありがとう」が言えることで、あなたは「嫌い」という感情から自分自身を解き放ち、自分を守ることができます。

それでもどうしても苦手意識が拭えず、その感情に振り回されてしまう場合は、その相手にマゼンタカラーのエネルギーを送るようにイメージしてみてください。

オーラソーマ（カラーセラピーの一種）では、マゼンタカラーは配慮と愛の色。このカラーを苦手な人に送ると、不思議と相手が穏やかになることがあります。

この時、「ありがとう、ごめんなさい、愛しています、許してください」の4つの言葉を心の中で唱えると、さらに効果があります。ハワイに伝わる癒やしの秘法「ホ・オポノポノ」では、この4つの言葉があらゆる問題を解決するきっかけになると説いているのです。

少しスピリチュアルな話になってしまいましたが、〝おまじない〟のつもりで試してみてはいかがでしょうか。

「嫌い」に支配されたら、反面教師にして「感謝」する

How to choose fortunate
COMMUNICATION

愛に勝る力はない

約一〇〇〇年以上も前から伝わるタロットカードには、1のカードから78のカードまで、人が陥りがちな心のクセや感情が象徴的に描かれています。

その中の一つに、「力」を示すカードがあります。

「力」で思い浮かべるのは、単純に重い物を持ち上げるとか、あるいは何か大きな敵を打ち負かすとか、そんなイメージではないでしょうか。ところが、タロットカードによく描かれている「力」を示すカードには、美しい女性が慈悲の表情でライオンをなでている絵。ライオンはすっかり彼女になついているように見えます。

このカードには、**相手の心を満たすものは愛情**なのだという、とても深い意味が込められています。これを現実に置き換えてみると、どうでしょう。

人間関係においては、相手に感情をぶつけたり、避けたり、闘ったりするような局面も生まれます。でも、タロットカードの絵が示しているように、人間関係のいざこざを解決するには、相手を深い愛情で包み込むことが、もっとも効果的なのだと思います。

本当に強いのは、相手をねじ伏せたり、言い負かしたりする力ではなく、大きな愛情で包み込む力なのです。

例えば、苦手な相手と接しなくてはいけない場合、なるべく相手のいい面を見るようにして、少しでも尊敬できるところを見つけて接し続けてみる。人は、こうやって自分に愛情を示してくれる人を、なかなか攻撃などできないものです。つまり、**先に自分が愛情を示すことで、自分が居やすい環境を作る**ことができるということではないでしょうか。

また、褒めるという行為も愛。**人を褒めることは、相手との距離が縮まり、場が和むだけではなく、相手を愛で包み込む作用もある**のです。褒めるという行為には、マイナスのエネルギーが一切ありません。つまり、人を褒めることは、相手を愛で包み、いいエネルギーを送ることにもなるわけですね。

タロットカードに込められているのは、一〇〇〇年分もの先人たちの知恵。腹が立つとか、苦手と思ってしまう相手でも、タロットカードのライオンと同じだと思い、まず愛情を持って接してみてはいかがでしょう。

苦手な相手にも、愛を持って接すると生きやすくなる

How to choose fortunate
COMMUNICATION

ユーモアは人生の円滑油

私の幼少期のよかったことの一つは、貧しくてオモチャがほとんどなかったため、兄弟姉妹みんなで「言葉遊び」をして、いつも笑い転げていたことです。子どもは、言葉だけでも遊べてしまうんですね。

大人になり、みんながある程度豊かになってからも、かつて共有した笑いは健在。たまに兄弟姉妹5人がそろうと、30年も前に考えたギャグでいまだに笑ったりしています。われながら、すごく幸せなことだと思います。

笑いの力は、本当に大きい。**笑いを生むユーモアは、最高のコミュニケーションツールではないかと思います**。

とはいえ、**ユーモアの根底には「愛情」がなくてはいけません**。これは絶対に欠かせない要素です。その場にいる誰かをおとしめたり、辱(はずかし)めたりして笑いを取るとか、その場にいる誰かが傷つく話題をネタにするとか。このように愛のない笑いは、ユーモアとは言えないのではないでしょうか。

例えば、吉本新喜劇の池乃めだかさんは、背が小さいことを笑いにしています。

たいていは、大きな相手にこてんぱんにやられて、最後はめだかさんが「このくらいにしておいてやるわ」と、負けたのに大きなことを言って去る、というのが定番のギャグ。これが笑いとして成り立つのは、自虐ネタとしてやっていて、まわりも愛を持って彼のそんなキャラを見ているからです。

また、落語家の方々は、ネタに入る前の小話として、時事ネタをよく引き合いに出します。

誰もが知っているような時事ネタ。それをみんなの生活に密着させた形で話を展開して笑いを取り、場の雰囲気を和ませる。とても知性が感じられるユーモアです。知恵が必要ですが、ぜひとも見習いたいですよね。

見習うと言えば、場の空気を読んで、ふっと笑いを差しはさむのが上手な人もいます。これもまた、その場の空気を柔らかくする一つの方法です。

一見くだらなく思えるオヤジギャグやダジャレでも、コミュニケーションを円滑にする笑いという意味では、効果を発揮してくれます。もちろん、時には失敗することもあるでしょうが（笑）。**言葉遊びというものは、一番誰も傷つけない素晴らしいユーモア**

だと思います。

ユーモアは場を和ませ、相手の心をほぐし、自分まで楽しくなる。笑うと免疫力が上がるということも医学的に証明されているようですし、とにかく、笑って悪いことは何もありません。皆さんも、このユーモアを意識的に取り入れて、人とのコミュニケーションをうまく取っていってくださいね。

ユーモアは、最高のコミュニケーション

How to choose fortunate
COMMUNICATION

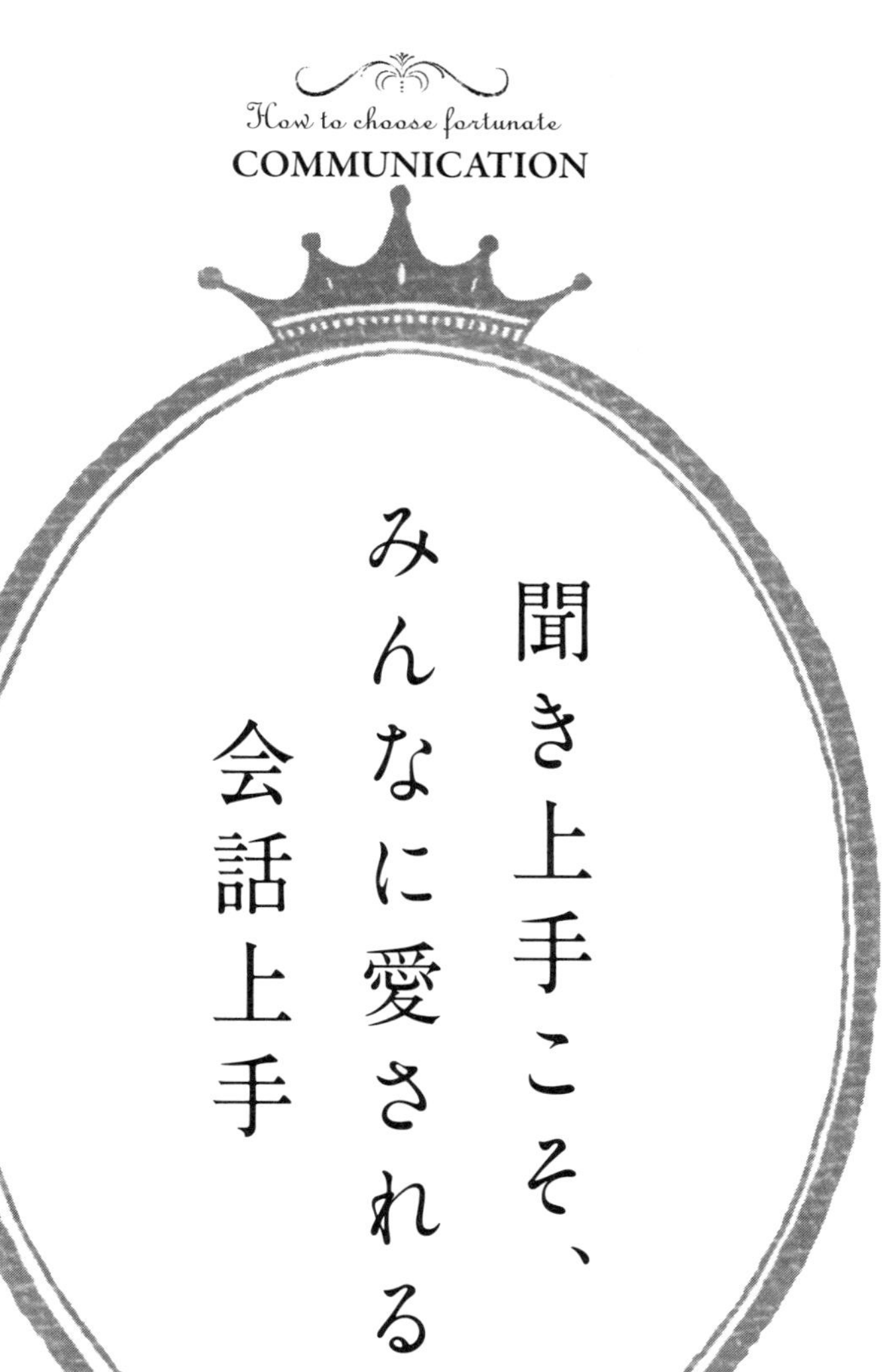

聞き上手こそ、みんなに愛される会話上手

チビでデブで不細工……。幼少期にこう言われ続け、物心つく頃には、私はすっかりコンプレックスの塊になっていました。

そんな私に、母は「美人か不美人かは、顔の作りで決まるのではないの。どんな顔立ちでも、美人に見られる方法があるのよ」と教えてくれました。**顔の造形はどうあれ、すがすがしく心地いい雰囲気をまとった人が「本当の美人」である、**と。

その美人になる基本として、母が教えてくれたのが、次の4つの魔法です。

1．姿勢をよくする

2．口角（口の両端）を上げて笑顔でいる

3．相手の目を見て話す

4．人の話をちゃんと聞く

本書にも、母の魔法がちりばめられています。

姿勢や笑顔についてはほかでお話ししていますので（93、98ページ参照）、ここでは、3番目と4番目の魔法についてお伝えしたいと思います。

相手の目を見て話す、というのは気持ちのいいコミュニケーションの基本です。

話す時に相手の目を見ていると、「ちゃんとあなたの話を聞いていますよ」という誠意が伝わります。相手も、自分と真摯に向き合ってくれていると感じ、こちらに好感を抱いてくれるでしょう。

とはいえ、相手と向き合っている間中、ずっと視線を合わせ続けるわけにもいきませんよね。じつは、5秒以上目を合わせると、双方の間には緊張が生まれるとされています。緊張すると、ますます目線をそらせなくなる……。あなたにも思い当たるフシがあるのではないでしょうか。

もちろん、私とて同じです。そこで私は、こんな時には、一度まばたきをしてから、相手と自分の間の道、例えば、相手の胸元や机上などを見て、そのあと再び目を合わせるようにしています。相手との間の道に目線があると、人は誠実に見えるのです。

相手と視線を合わせて真摯な姿勢を示すことは大事ですが、もちろん、「人の話をちゃんと聞く」というのが大前提です。

「上手に話すにはどうしたらいいの？」と、小さい頃に私が尋ねると、母は「ちゃんと人の話を聞くこと」と教えてくれました。母によると、きちんと相手の話に耳を傾けていれば絶妙のタイミングで頷くことができる。この**頷きは、共感や心の距離の近さを表すため、相手に安心感を与える**というのです。

母は、相手の話をちゃんと聞いていれば、質問が生まれるとも教えてくれました。「その後どうなったの？」と先が気になったり、「どういうこと？」と、相手が話しそびれているポイントが見えたりします。こうした**疑問を口にすることは、次の会話の呼び水になる**。結果的に、お互いに心満たされるコミュニケーションができるということです。

「ああ、そうなんですか！」「まあ、すごいですね」「うわあ、大変でしたね」……。こんなふうに情感豊かに、相手の心に寄り添うような相づちや、「それで、その先はどうなりました？」というような、相手の話を興味深く聞いているからこそ出てくる質問は、会話の潤滑油になってくれるのです。

私自身、外国の人と結婚して改めて、相づちの力を実感しているところです。旦那様と一緒に海外の友人に会う機会も多いのですが、英語がネイティブでない私には、会話のすべてを理解することはまだできません。でも、海外の友人からは、「ミカちゃんと一緒に過ごせてすごく楽しかった」と言って頂けることが多いのです。

それはきっと、相づちの英語をしっかり勉強して聞き役にまわることで、ちゃんと会話に参加しているからではないかな、と思います。しかも、言葉をネイティブほど話せないだけに、自分の思いを一生懸命伝えようとすると、表情豊かに、身振りもふだんより大きくなります。それが、みんなの心に響いているのではないのかな、と思うのです。自分が多くを話さなくても、気持ちのいいコミュニケーションができるということなのではないでしょうか。

皆さんも、「心を込めて聞く」という愛情ある接し方を心がけてみてくださいね。

目を見て話をちゃんと聞ける人が、心地いい美人

How to choose fortunate

COMMUNICATION

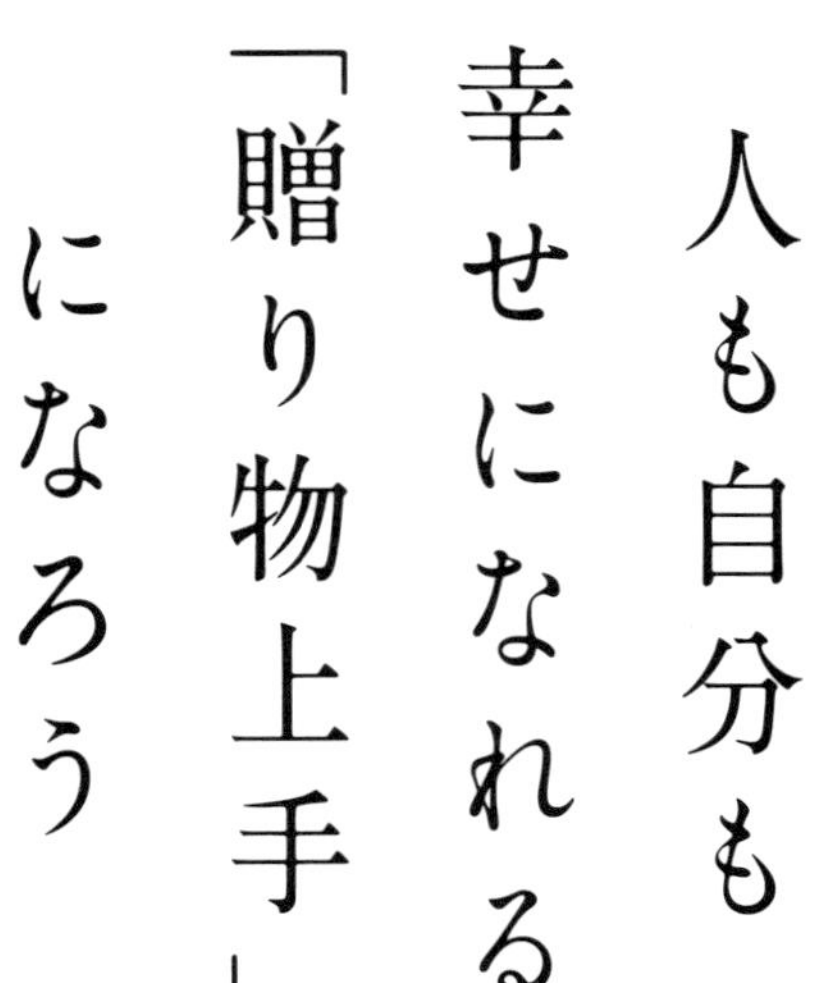

人も自分も幸せになれる「贈り物上手」になろう

誰かへの贈り物。

受け取った時の相手の顔を思い浮かべるとワクワクするものですが、同時に「何をあげれば喜んでもらえるのだろう」と迷いもしますよね。

そこで私は、「自分では買わないけれど、もらったら嬉しいもの」を基準に贈り物を選ぶことにしています。

例えば、いくらあっても困らない日用品で、でも普段使いにするには高級すぎて、自分では手を出しにくいもの。高級ブランドのポプリや石けん、上質な素材のタオルやブランケットなどです。香水や部屋のフレグランスなどは、人それぞれ好みがあるのであまり選びませんが、石けんやポプリなら、さほど気負いなく贈ることができます。

消耗品でないとしたら、相手のイニシャル入りのレースハンカチもいいですね。結婚式などで、フォーマルドレスの女性が美しいレースハンカチを使っていたら、素敵です。女性なら誰もがときめくアイテムですし、何枚あっても困るものではありませんよね。

反対に気をつけているのは、例えばトレンドのアイテム。流行しているものは、ほかの人からも贈られている可能性があります。「もう、たくさんもらっているかもしれないな」という気遣いも、相手への愛情だと思うのです。また、肌質を選ぶ化粧品なども、余程その人のことを知っていない限り、贈らないようにしています。

こうしてあれこれ思いを巡らせ、悩みながらも贈り物を選ぶのはとても楽しいことです。

ただ、誰に何を贈るにしても、プレゼントをする際、大事にしていることが一つあります。それは、必ず、自筆のメッセージを添えるということ。たった一言でもいいので自分の文字で言葉を添えると、心は必ず相手に伝わると思うから。

人に心を尽くす習慣がつくと、逆に人から心を尽くして頂いた時に、気づくことができるようになります。贈り物上手の女性は、普通なら気づかないような細かい心遣いにも、ちゃんと「ありがとう」と言える、心の行き届いた女性なのではないでしょうか。

心を尽くすと、相手の心遣いにも気づくようになる

幸せな仕事の選び方

- ○生きがいも、やりがいも、自分で作るもの
- ●仕事を変えたい時、「慢の心」がないかチェックする
- ○人からの頼まれごとは、神様からの「試されごと」
- ●「人に喜ばれたい」が成功への鍵
- ○不安は「気づき」、気づきは「新しい世界への第一歩」
- ●自分を「心配」するのではなく、自分に「心配り」を
- ○挑戦は「経験」という宝になる
- ●我慢するより、上手に伝え、上手にかわす処世術を身につける

How to choose fortunate
WORK

生きがいも、やりがいも、自分で作るもの

Power of choosing happiness

やりがいがない――。仕事の悩みとして、よく聞く言葉です。

自分が好きなことを仕事にしていれば、こうした悩みは生まれないのかもしれません。

でも、好きなことを仕事にしている人などほんの一部。多くの人にとって、「好きなこと」と「仕事」は別物です。にもかかわらず、仕事にやりがいを感じている人もいれば、そうでない人もいる……。この違いは、いったい何が原因なのでしょうか。

「仕事にやりがいがない」と嘆く人の多くは、今の仕事とは別にやりたいことがあるわけでもなく、ただ「何となく面白くない」ということではないでしょうか。

このような場合、今いる環境の「外」を見るのではなく、自分が今置かれた環境の「内」に目を向けてみてください。

そして、この内側で幸せの選択をしてみてはいかがでしょうか。

例えば、忙しい中、お客様にお茶を出すよう上司から頼まれたとします。この時、いやいや淹れて無愛想に出すのか、飲んだ人に喜んでもらえるよう、心を込めておいしく淹れ、ニッコリ笑顔で出すのか。

どちらを選ぶかで、確実に未来は変わります。

「人に喜ばれるように」というサービス精神は、必ず相手に伝わり、やがてはあなたの評価になっていきます。

「あの子が淹れるお茶は、おいしい」「いつも笑顔で気持ちいい」「ちょうどいい時に出してくれて、気が利くよね」……。こうした小さな好印象が、やがて信頼になり、「あの子なら仕事を任せたい」ということになるかもしれません。そこから、仕事のやりがいが生まれることもあるでしょう。

それに、褒められて嫌な人はいませんよね。お茶一つでも「おいしいよ」「気が利くね」という言葉をかけてもらえたら、やっぱり嬉しいでしょう？　これが、やりがいにつながることだってあるのです。**今いる環境で、こんな小さなワクワクや幸せを見つけていくことが、幸せを選ぶ上でとても大事なこと**ではないでしょうか。

世の中に自分が理想とする完璧な会社や仕事など存在しません。**やりがいは自分の中で築き上げていくもの**です。幸せは自分の心が決めること。やりがいも同じで、どういう心で目の前の仕事に臨むかで、やりがいを見つけられるかどうかも決まってくるのではないでしょうか。

「仕事」は「事に仕える」と書きますよね。**何を命じられても「事に仕える」気持ちでやらせて頂いてこそ、やりがいは生まれるもの**だと思います。

それに、つまらない仕事など一つもありません。あなたが任されることすべてに意味があります。ですから、つまらないと思う仕事を任されても「なんで私が……」などと思わずに、心を込めて臨んでみてください。まわりを見渡して、「今、私にできること、仕えさせて頂けることはなんだろう」と考えてみてください。

「理想と違う」と不満に思っているだけでは、成長はありません。心を込めて目の前の事に仕えようという姿勢になり、まず、今の自分が置かれている環境で、自分を磨く糸口を探してみてください。

努力してもなお、「やっぱり違う」と思うのであれば、好奇心と行動力を持って、思い切って別の世界に飛び込んでみるのも、一つの選択肢です。

仕事の小さなワクワクや幸せを見つける

How to choose fortunate
WORK

仕事を変えたい時、「慢の心」がないかチェックする

私はつねづね、「自分のワクワク、ドキドキを大切に」とお話ししています。それが、すなわち幸せの選択になるからです。ですから、「今いる場所がどうしても違う」と心が叫んでいるのなら、ぜひ自分がワクワク、ドキドキするほうに動いてほしいと思います。

ただ、それが「慢」の心からくるものだとしたら、話は違ってきます。

「慢」の心とは、自己本位や無責任、常識はずれからくる傲慢（ごうまん）な心のことです。「会社を辞めたい」と思った時に、そういう「慢」の心で決めようとしていないか、冷静に考えてみることが大切だと思います。

入社して間もない人が、「今の会社はワクワクしないから辞めたい」と思っているのなら、私は「ちょっと待って」と言うでしょう。

その仕事がどういうもので、どういう苦労があって、どういうところで人の役に立っているか、十分に理解しているでしょうか。まだやり残したことはないでしょうか。

その仕事の苦労を知らないと、喜びもわかりませんよね。もし、経験不足なまま仕事を放り出そうとするのなら、それは「慢」なのではないでしょうか。

一方、ある程度勤めた経験があって、「今まで一生懸命、仕事をしてきたけど、やっぱり自分には違う気がする」という人はどうでしょう。

この場合も、ただ「つまらないからワクワクしない」「上司が気に入らないからワクワクしない」といった安易な考えに自分を陥らせる「慢」の心がないか、まずは自己チェックをする必要があります。

そして、「慢」がないとわかったら、何か自分がワクワク、ドキドキすることに向けて、踏み出してみてはどうでしょう。

ただし、きちんとけじめをつけることを忘れないで！

何歳であろうと、どんなポストにいようと、会社を辞めると決めたら、そのためにたくさんの人が動かされることになります。

辞めるための手続きや、やりかけの仕事の引き継ぎをしながら、おそらく最低一ヶ月は過ごすことになるでしょう。その間、自分の決断が、上司から同僚、後輩の仕事に影響を与えることを感じるはずです。それを見ることは、次の仕事の責任感にもつながるので大切なこと。人一人の影響は大きいのです。

私の理想は、**会社に入った時と出る時は、同じ温度で握手ができる**ことです。

自分の人生を振り返った時に、すべてのシーンに感謝ができるようでありたいですね。

不満を言う前に、自分の心を見つめる

How to choose fortunate
WORK

人からの頼まれごとは、神様からの「試されごと」

やることが多くて、ついイライラしてしまう。自分にばかり面倒な仕事が回ってきているように思えて「なんで私が！」と怒りっぽくなってしまう……。こんなことはありませんか？

そんな時は、ぜひ「人からの頼まれごとは、神様からの試されごとなのかも」と考えてみてください。

「忙しい」とは「心を亡くす」と書きますが、ワクワクする心を亡くしてしまった時に、「今、私は人からの頼まれごとを通して、神様から試されているんだ」と思うと、すっと心がリセットされて、また真摯に取り組む気持ちになれますよ。

そもそも、「忙しい」と言っても、たいていはその環境を選んでいるのは自分だったりします。それなのに、「なんでこんなに忙しいの⁉」と怒るのは、おかしいですよね。やることがたくさんあるというのは、言い換えれば、それだけ神様から人のお役に立たせて頂くチャンスを、たくさん与えられているということです。

物事に追われるとつい見失いがちになりますが、じつは、人に頼ってもらえるのは、とても幸せなことだと思います。

人は、どうしたって一人では生きられません。**人の役に立つチャンスがあるというのは、一人では生きられない世の中の一部になれる**ということ。社会と手をつないで、自分の役割を「果たさせて頂ける」ということなのです。

幸せな人生には〝運〟が味方してくれることも必要です。よく「運が良くなりたい」「運を引き寄せたい」と言う人がいますが、**運が運ばれてくる環境を作るのは「人のご縁の力」「先祖・神様から頂く徳」、そして「自分の心持ち」**。ちゃんと社会と手をつないで「人のお役に立たせて頂きたい」と真摯に思える心なのではないでしょうか。

聖徳太子が言ったとされる言葉に、「和をもって貴しと為す」という言葉があります。これは、私が好きで大切にしている言葉です。

周囲の人との和を重んじて、自分のすることで人を喜ばせたいという心があるかどうかが、「運の良さ」というものまで左右すると思うのです。

ですから、人からの頼まれごとは、神様からの試されごとだと思って、目の前のことに取り組んでみてはどうでしょう。

「あなたは、この仕事でどんな力を発揮できる？」

「この人のために、今のあなたは何ができる？」

こんなふうに、神様から問いかけられていると思ってみてください。

すると、仕事も、人からのお願いごとも、いやいや引き受けるのではなく、きちんと受け止めて向き合うことができるのではないでしょうか。

そう思って真摯に取り組んでみたら、「私にはこんなスキルが身についていたんだ」「難しい相談だったけど、あんなことが言えるようになってたんだ」などと、いつの間にか大きく成長した自分に出会って自信がつくことも、じつは多いのです。

そこからは、〝人〟というご縁の運が幸せな人生を歩むために味方をしてくれるはずです。

神様はいつもチャンスを与えてくれている、と知る

How to choose fortunate

WORK

「人に喜ばれたい」が成功への鍵

世の中には、「仕事でどんどん成功する人」と「なかなか成功できない人」がいます。

この二つを分けるものは、いったい何でしょう。

各々の能力や先を見る資質、ひらめきの鋭さなど、いろいろな要素があると思いますが、**成功するのに大切なのは、「人に喜ばれたい」という気持ちがあるかどうか**ではないでしょうか。

「人に喜ばれたい」という気持ちは、人を感動させられるかどうかにつながってきます。人に何かをすることで相手が感動してくれれば、今度は自分に感謝してくれます。人から感謝されるようになると、その人のエネルギーは大きくなり、人間としての器が広がります。

それが、仕事の成功へとつながっていくのではないかと思います。

「人に喜ばれよう」と思って働いている人は、会社でも重宝がられます。いずれ大きな仕事を任されることもあるはずです。その時もまた**「人の役に立とう」という気持ちで臨めば、周囲も巻き込んで成功する**でしょう。

では、喜ばれたいと思っているのに、うまくいかない、成功しないとしたら……。その理由は、「人に喜ばれているつもり」なのかもしれません。**「つもり」は自己満足**であって、実際には、どんなことが人を喜ばせるのかを理解できていないのではないでしょうか。

ここは謙虚になって、「人に喜ばれていなかったんだな。じゃあ、どうしたら喜ばれるだろう」と考え直して、工夫してみることが大切ですね。

最初は軌道に乗らなくても、**人に喜んでもらえるかもしれない、という夢や実感があれば、次のモチベーションにつながります**。喜んでもらえている実感を持って続けていれば、自然に業績という目に見える成果もついてくるのではないでしょうか。

二〇一四年のノーベル物理学賞を受賞した天野浩教授は、「青色LEDができれば、必ず人の役に立つと確信していた」とおっしゃっています。

天野教授は、その一念で試行錯誤をくり返し、なんと三〇〇〇回もの失敗を経て、ついに発明に成功されたそうです。「人に喜ばれる」という信念があったからこそ、実を結ぶまで続けることができたのだと思います。

そもそも、「人のお役に立てる」と思っていると、自分もワクワクできますよね。**ワクワクすることは、苦労があっても続けることができます**。きっと天野教授にも、「発明に成功したら、世の中のあんなことにも、こんなことにも役に立つ」という心躍る予感があったのではないでしょうか。

働いていると、「なんで、こんなに頑張っているのに、うまくいかないんだろう」と思ってしまうこともあるでしょう。

でも、気持ちの大前提として「仕事は苦しんでするものではない、人も自分も喜ばせるものなんだ」と少し考えを変えてみませんか。

そこから、幸せな心の連鎖反応が生まれると思うのです。

人に喜ばれることを自分の喜びにする

How to choose fortunate
WORK

不安は「気づき」、気づきは「新しい世界への第一歩」

将来のことを考えて、「このままでいいの？」と不安にかられてしまうこと、ありますよね。

仕事は一生懸命やってきたつもりなのに、その割にスキルが身についている気がしないし、満足のいく収入にも結びついていない。結婚はしたいけど彼氏はいない。いつになったら幸せになれるんだろう……。

みんな、それぞれに不安はあると思います。

でも、不安を抱くことは、じつはマイナスばかりではありません。

なぜなら、今その**不安に気づいた時点で、幸せの選択が始まっている**からです。

そもそも、気づかなかったら、何も選択しようがありません。つまり、不安に気づいた時から、あなたはもう新しい世界の入り口に立っているということ。そこで何を選ぶかは、あなた次第です！

不安があるのは、自分と周囲を比較したりして「このままじゃいけない、何かしらステップアップしなければ」と、焦っているからかもしれません。でも、思い切って今の環境から抜け出すことができないのは、「このままやっていけないこともない……」という微妙な安定があるからでしょう。

私は、30歳で韓国に留学をしましたが、その決断を下すまでは、去ることも留まることもできず、全く同じ気持ちでした。

当時の私は、レギュラー番組とCMを数本も持ち、大阪では名前が知られるようになっていました。最初は、その安定を失いたくない気持ちも……。いわば「安定への執着」があったのです。

一方で、その安定はいつまでも続かないという予感もありました。だからこそ、「もっとステップアップしたい」と切に願っているのに、新しい環境へ飛び込むほどの勇気が出ない。リスクを考えると尻込みしてしまう。今いる場所を捨てることもできないし、かといって、今のままでいても先が見えている気がする……。

結局、どちらにしても不安を拭いきれなかったのです。

不安と言いつつ何も動かないのか、大なり小なり動いてみるか。ここで、選択は始

まっています。

この時点で一歩を踏み出さなければ、不安はなくならないどころか、年々大きくなり、いずれ「今いる場所に留まることしか選べない自分」を責めるようにもなってきます。

つまり、自分の選択が、自分自身を傷つけることになってしまうのです。

そんな悲しいことは、避けたいですよね。

ですから、まずは、不安をネガティブなものとして捉えるのではなくて、不安は「気づき」、そして気づきは「新しい世界への第一歩」と考えるようにしてみてください。

不安でくもっていた心に光がさし、今まで見ていた景色が明るく見えますよ。

不安は、スタートの合図です

How to choose fortunate

WORK

自分を「心配」するのではなく、自分に「心配り」を

頭で考えすぎる人は、なかなか心の素直な言葉を聞き取りにくいものです。思考が勝ってハートが負けてしまうと、「こうしたい」と思っていることを素直に行動に移しにくくなってしまいます。

思い当たる人は、自分を「心配」するのではなく、自分に「心配り」してみてはどうでしょう。

「心配」とは不思議な言葉。送りがなを入れて「心配り」とするだけで、ニュアンスが変わると思いませんか。「しんぱい」は「不安」と似た響きになり、未来を信頼できず恐れているという感じがしますが、「こころくばり」は、心を配った先に何をするか、という明るい未来の選択が見えてきます。

ほんの小さな変化でこんなに変わるなんて！

言葉は面白いですよね。

「心配する」のではなく、少しでも未来を信頼できるように「心を配る」ようにしませんか。言ってみれば「発想の転換」です。

ハートで純粋に感じて動く、子どもという存在から学ぶことは多いと思います。

ある本によれば、子どもたちはほんの一瞬でも一緒に笑い合ったら、お互いを仲間と認識するのだそうです。そして、仲良く遊んだら離れるのが寂しくなり、帰る時には泣いてしまうのだとか。すごく純粋な魂ですよね。

私たちだって、かつてはそんな純粋な魂を持っていたのですが、大人になるにつれて未来を心配してばかりいて、頭で考えることが多くなり、心の声に鈍感になってしまっているようです。頭で考えすぎると焦りが生まれ、焦りは迷いにつながります。そうならないためにも、再び、シンプルに心の声を聞き取ることができるように、そして、自分にもっと心配りができればいいですよね。

自分の心は自分でしかわかってあげられません。**頭で考えず、自分の心を思いやる余裕や慈しみ深さを持ってあげましょう**。自分の心をケアし、心の声を聞いてあげられるようになると、未来も変わってくるはずです。

心の声をもっと聞いてあげると未来も変わる

How to choose fortunate
WORK

挑戦は「経験」という宝になる

私が30歳で韓国に留学するかどうか迷っていた時、ある方の言葉に、強く背中を押されました。

そもそも私が留学を考えたのは、両親のお墓を作るため、兄弟姉妹5人そろって初めて韓国・済州島（チェジュ）を訪れたことがきっかけでした。韓国では両親の家族やルーツについても詳しく知りたいと思っていたのですが、その当時、私たちはみんな韓国語が十分に話せず、結局、あまり知ることができず帰国したのです。

その後、両親が慣れ親しんだ言葉や文化をしっかり見るためにも、韓国に留学したい、という思いが強くなっていきました。しかし、時は二〇〇二年ワールドカップや韓流ブームがくる前のこと。韓国留学をする人はかなり珍しい時代でした。その上、当時、私は大阪での仕事が増えつつあり、ある程度の安定がありました。

「韓国に行きたい。でも留学のために休んだら、きっと今ある仕事はすぐ若い子に取って代わられちゃう。どうしよう……」

こんなふうに、今ある安定を手放す恐れと、全く新しい挑戦である韓国留学への思いの板挟みになった私は、ある尊敬する歌手の方に相談してみたのです。すると、その方がおっしゃったのです。

「アンちゃん、自分が人生の岐路(きろ)に立たされていることに気づいたのに、動かなかったらきっと後悔するよ。自分が挑戦しないままだったら、同じ挑戦をして成功した人に出会った時に、その人を認められなくて妬むことになる。逆に、思い切って挑戦して失敗したんだったら、その挑戦の大変さや失敗の痛みがわかるから、『私も同じ挑戦をしたけど、あの人は成功してすごい』と人を素直に認められる人間になれるよ」

私は、この言葉に勇気づけられ、留学を決意したのです。


この方の言葉通り、自分が挑戦していれば、素直な気持ちで相手を称えられる人になれます。

挑戦をあきらめることは、不安に負けているのと同じですが、「失敗してもいいから、とりあえず挑戦してみよう」と思って行動を起こせば、納得のいく結果が出なかったとしても、その挑戦は「経験」という宝にもなります。

人は、「やった後悔」より「やらなかった後悔」のほうがより深く残るとも言います。

「挑戦したけど違ったかな」と思った場合も、**「経験」から「工夫」と「知恵」が生まれ、これからの未来に活かしていく道具になります。**ということは、**やらない後悔より、経験する道を選ぶことが、幸せを選ぶ力**と言えるのではないでしょうか。

しかも、一つひとつの挑戦ごとに、自分の将来の選択肢が明確になって、進むべき道が見えてくるという副産物まである。やっぱり、挑戦は「経験」という宝です。

自分の人生に、そんな素敵な宝物をどんどん増やしていくことも、幸せの選択を積み重ねるということなのではないでしょうか。

自分さえやってみようと思えば、できないことはありません。「ずっと、できなかった」と思っているのなら、それは単に「やらなかった」から。「やらない後悔」を、ずっと選んできてしまったということです。自分が前に進むことを阻むのは、周囲の誰でもない、自分自身だと言えるでしょう。

自分が自分の幸せを選択できるのです。

挑戦すれば、心から誰かを認められる人になる

How to choose fortunate
WORK

我慢するより、上手に伝え、上手にかわす処世術を身につける

周囲の誰とでも心を配り合って、気持ちのいい関係を築いていけるのが、理想的な社会の姿。けれど、残念なことに、十人十色の世の中、そんな理想的な人間関係が築ける人ばかりとは限りません。

ですから、例えば理不尽な目に遭った時や、どうしても納得がいかないようなことがあった時には、自分のためにも、相手のためにも、勇気を持ってハッキリ伝える覚悟が必要だと思うのです。

相手が怒っている時に、「何か気に障る言い方をしたのかしら」「何か気遣いが足りなかったかな」と、一度自分を省みることは大切です。

でも、反省が行きすぎて、「すべて自分のせいだから仕方ない」と考えるのは、あまりにも自分を粗末にしすぎではないでしょうか。

健全な心でいるために、一番よくないのは〝我慢〟することです。

仕事をしていると、目の前の物事を進めることを優先して「私さえ我慢すれば……」と思ってしまう場面もありがちですが、**過度な我慢は自己犠牲**。我慢してやり過ごせば、表面上、物事は進むことがあるのかもしれません。でも、我慢することで身につくのは、

「前も我慢したら何とかなったから、今回も我慢しよう」という未来への間違った成功法則です。

我慢し続けると、心はどんどん傷ついていきます。自分をすり減らしてまで優先すべきことなんて、あっていいわけがありませんよね。

私はよく、気遣いや心配りが大切だとお話ししますが、気遣いや心配りと自分を押し殺すことをセットにはしません。

本当に幸せをもたらす気遣いや心配りは、自分を慈しんでこそ生まれるもの。だから、どんな立場の人が相手だろうと「間違っている」と思ったら、タイミングを見て伝えましょう。**必要なのは我慢ではなく、「上手に伝える」処世術**です。

例えば、相手が感情的になっている場合は、どう伝えるのが理想的かというと、その場ではいったん相手の思いを引き取って下がるのがベター。そして、少し時間が経ってから、丁寧に相手への共感と共に、自分の思いを伝えてみてはどうでしょうか。

怒った相手も、感情的になった自分が少し恥ずかしい、とあとから思っているはずです。大人な対応をしてくれたあなたに、一目置くかもしれません。

ただし、あえて伝えず、上手にかわしたほうがいい場合もあります。

代表的なのは、自分を優位に見せたい人です。こんな人に対抗してしまうと、相手はさらに優位に見せようとエスカレートし、意地の張り合いになるでしょう。

ここで大切なのは、決して戦わないこと。**戦いには負のエネルギーが生まれてしまいます。**

このように、上手に伝えるべきか、上手にかわすべきか、相手によって見極める視点も持っておくといいでしょう。世の中にはいろいろな人がいますから、自分が気持ちよくいられる処世術も、幸せの道のために時には必要なのです。

伝えるべき時とかわすべき時を、しっかり見極める

幸せなLOVE 恋愛の選び方

How to choose fortunate

LOVE

素晴らしきかな、恋愛

時にとろけるような至福に誘（いざな）われたかと思うと、時にもどかしさや恋しさで胸が張りさけそうになる……。

誰もがきっと、愛に包まれてほんわり温かい気持ちが続くことを願っているのでしょうけれど、恋をしているとなかなかフラットな心ではいられなくなりますよね。

平安時代の和歌には、「月を見てあの人を思ふ」とか「恋しい殿様が一年も訪ねてきてくれない」などというような、切ない恋わずらいの歌が目立ちます。

21世紀の今でも、全く同じような思いをみんな抱えて生きています。

それだけ恋は、私たち人間にとって永遠のテーマと言えるのではないでしょうか。

恋は自分の思い通りにはならず、特効薬もありません。でも、だからこそ素敵なもの。

それが恋愛だと私は思うのです。

この広い世界、**何十億といる人間の中で、たった一人の異性と出会って惹かれ合う。**

それだけで奇跡です。

それまでは、物理的にしろ、精神的にしろ、「このスペースは自分だけのもの」と考えていた場所を「この人となら共有したい」という気にさせられる。親兄弟にしか触れたことのない手を触らせてもいいと思える、というより、むしろ触れてほしいと願う。たとえ傷つけられたとしても嫌いにならず、なお一緒にいたいと思う。それも恋愛だけではないでしょうか。友だちや仕事仲間だとそうはいきませんよね。

恋は、なんと不思議で素敵なものなのでしょう!!

恋は、自分自身を成長させてもくれます。

いくら惹かれ合っているとはいえ、全く違う環境で生まれ育った男女が一緒にいると、当然、衝突も起きます。でも、その衝突から、価値観の違いを認め合うことを、私たちは学びます。実際、お互いの違いを認め合える人ほど、恋がうまくいくように思えます。

また、相手のことが好きだからこそ、違う感情が湧き上がるのも恋。相手を思うあまり独り占めしたいという欲が出てきて束縛したくなったり、嫉妬したり……。

恋愛は、ポジティブな感情だけでなく、こうしたネガティブな感情も含めた自分の思いを表現したり抑えたりする過程で、泣いたり笑ったりしながら、二人の関係を築き上げていくものだと思います。

当然、男性なら男として、女性なら女として、そして双方ともに人間として、成長させられていくのではないでしょうか。

「男性を見る目がないんだよね……」

ため息交じりに、こうぼやく人がいます。

「どうしてあんな最低の人を選んでしまったんだろう……」

こんなふうに終わった恋を振り返る人も、よく見かけます。

この人たちの気持ちもわからなくはないのですが。でも、恋愛においては男女両成敗、というのが私の考え。**どんな相手と恋に落ちたとしても、選んだのは自分自身なのですから、どちらかが一方的に悪いというようなことはない**と思うのです。

私自身も、過去にいくつかの恋をし、中にはつらいものもありました。

相手を変えられるはずだと思って付き合い続け、結局は変えられずに怒ったり、傷ついたり……。でも、そんな時でも、私にはつねに「別れる選択」もあった。それを選ばず「付き合い続ける選択」をしたのは、私自身なのですから、当然つらい恋の責任の半分は私にもあるわけです。どちらを選ぶかも、幸せの選択と言えますよね。

それに、**男性と女性は鏡**のようなもの。恋愛は、ある意味エゴとエゴのぶつかり合いとも言えますが、自分のエゴを映し出してくれるのは、ほかでもない、パートナーなのです。ですから、相手のエゴが気になる場合は、自分もまたエゴを剥き出しにしていると考えたほうがいいような気がします。

その意味でも、恋愛は男女両成敗ではないでしょうか。

恋愛は男女両成敗

How to choose fortunate
LOVE

自分の体と心を慈しむことが、恋愛の出発点

いい出会いをしたいのに、なかなか訪れてくれない……。

こんなふうに嘆く人は少なくないけれど、「いい出会いというものは、ただ漫然と待っているだけでは訪れない」というのが私の持論です。

こう言うと、「私は何かの集まりには積極的に参加しているし、そこで気になる人がいれば押しの一手なんだけど。まとまらないのよねぇ……」といったぼやきも聞こえてきそうですね。でも、私が言いたいのはそういうことではありません。

出会いに限らず、どんなことに関しても言えますが、欲しがりすぎると手に入らないのが世のつねではないでしょうか。**出会いを含め〝いい運〟というものは、自分からガツガツ取りにいくのではなく、引き寄せるもの**。ですから、その運を引き寄せられるだけの魅力を自分が備えていなければならないと思うのです。

素敵な出会いを引き寄せる。そのために大切なのは、自分を慈しんであげることです。

私が考える**「自分を慈しむ」とは、いつも自分が心地よくいられるように心を配ること**。健康を気遣うのもそうでしょうし、肌や髪の毛をいたわったり、自分が幸せな気分になれるファッションを心がけるのもそう。もちろん、自分が暮らす空間を自分なりの心地よさで満たすことも、そうだと思います。

いつも笑顔を心がけることもまた、自分を慈しむことにつながります。

前にもお話ししたように、笑顔はその場の空気を和ませて周囲の人を心地よくさせるだけではなく、笑顔でいる自分自身の心も明るく前向きにしてくれます。

ポジティブな言葉を使うようにすることも同様です。

日本には古来より伝わる「言霊」というものがあります。言葉にしたことは現実になるのだから、ポジティブなことだけを念じて口にしよう、ということです。

私はこれを信じていて、**日々できる限り前向きな言葉だけを口にする**ように心がけています。「言霊」を信じるか信じないかはさておいても、ネガティブなことを口にすると、その言葉に引っ張られて心まで後ろ向きになってしまいそうですし、ネガティブ発言ばかりしていると、周囲の人も暗い気持ちになってしまうのは事実ではないでしょうか。

そういう人のところに、人は集まってこない。結果的に、素敵な出会いも遠ざかってしまうのでは、と思っています。

「自分を慈しむ」とは、「自分を磨く」と言い換えることもできるでしょう。美容や健康、自分を取り巻く環境などの〝外側〟もそうですが、もちろん内面を磨くことも大事です。

日々、「何かいいことないかなぁ」とひたすら待ちの姿勢で過ごしているような人のところには、いい運はやってきません。何かに打ち込んで楽しみ、**日々をイキイキと過ごしている人のところにこそ、いい運は引き寄せられていく**のです。

趣味でも習い事でもなんでもいい。あなたは、何か自分が打ち込めるものを持っていますか。「残念ながら今のところない」という人は、思い切って何かを始めてみては。

趣味の集まりや習い事は、同じことに興味を持つ者同士が集う場所ですから、当然、意気投合できる男性とも出会いやすくなりますし、何より自分自身がイキイキと輝いていられます。

もちろん、外見を磨いたり趣味や習い事に没頭するあまり、仕事を疎(おろそ)かにして周囲に迷惑をかけるようでは、本末転倒。自分に任された仕事はきっちりやるという、大人としての責任をまっとうできないようでは、だめです。

そもそも、仕事に打ち込むというのもまた、自分を輝かせる一つの選択。仕事にやりがいを感じてハツラツと働いている人は、端から見ても眩(まぶ)しいと思いませんか。

出会いは、待たなければなりません。けれど、同じ「待つ」にしても、消極的と積極的の2種類があり、**素敵な出会いを求めるなら「積極的に待つ」姿勢が必要**だと、私が大好きなＫｅｉｋｏさんから教えて頂き、よく皆さんにお話ししています。

「消極的な待ち」とは、何も行動を起こさず、ただ漫然と待つだけの姿勢。一方、私がおすすめする「積極的な待ち」とは、できるだけのことをして、あとは来(きた)るべき時を待つということ。「人事を尽くして天命を待つ」という言葉がありますが、まさにそれなんです。

ここで言う「人事を尽くす」とは、自分を慈しみ、自分を高め、日々を丁寧に、そしてイキイキと生きるということだと思います。

これができている人は、潤いのある艶やかな女性でいられるはず。そういう人はとても魅力的だし、一緒にいて心地いい。当然、そんな人のところには、それにふさわしい人が引き寄せられてくるのです。

いい出会いは「積極的に待つ」ことで訪れる。

これを信じ、余裕を持って待ちましょう。やるべきことを怠らず、あとはゆとりの待ち姿勢でいれば、神様は必ず素晴らしい出会いを与えてくださるはずです。

いい出会いは、「積極的に待つ」ことでこそ訪れる

How to choose fortunate
LOVE

別れは失敗ではない

「結婚・成就＝成功」で「別れ＝失敗」と思われているようなところがありますよね。つらく悲しい恋の終わり。私自身、何度経験したことでしょう。

どうして私たちは、誰かと出会って恋に落ち、そして別れてしまうのでしょうか。ひとたび惹かれ合った相手と、ずっと一緒にいられたら、どんなに幸せでしょう。

もうこんな失敗はこりごり……。私自身、何度そう思ってきたかしれません。

でも、今はちょっと違う考えを持っています。

恋の破局にしろ、離婚にしろ、その恋愛や結婚でたくさんのことを学び、でも、お互いの未来が違うということでお別れしただけ。

人間交差点の中の一部での出来事だったのだから、失敗も成功もないと思うのです。

一定の期間だったかもしれないけど、その方と出会い、お互いに惹かれ合って幸せな時間を過ごしたのなら、あなたはきっとそこから何かを得たはずです。

別れとは、互いがお付き合いを通して何かを感応し合い、学んだ過程で、互いの見る景色や未来の道が離れただけではないでしょうか？

私たちは、お互いに生かし生かされ、また次の素晴らしい方に巡り合います。数秒前の自分と現在の自分とは違います。人は刻一刻と変化して生きています。その時々の経験によって、感覚やとらえ方が変わっていく中で、誰かと未来を築き上げていこうとするのは、とても難しく壮大なことなのです。その壮大な夢を一緒に見ることができたということが奇跡です。

そう考えると、出会ったこと自体に感謝できないでしょうか。

結果的に別れることになってしまったとしても、出会った当初、彼に惹かれたのは、その時たしかに、彼と呼応する何かがあったから。

きっと、楽しい時間も優しい時間もたくさんあったはずです。

一緒に過ごした時間の尊さ、お互いに生かし生かされた日々を、どうぞ大切に思ってください。

出会ったこと自体に感謝してみましょう

How to choose fortunate
LOVE

男性を追いつめる〃壁際ワード〃を使わない

「なんで△△してくれないの？」

「どうしてあなたは□□なの⁉」

女性が男性に対して口にしがちな言葉です。パートナーに向かって、あなたはこんな言い方をしたことがありませんか？

私自身も、以前はよく口にしたものです。挙げ句、相手をカチンとさせ、時にはキレられたことも数知れず……。皆さんも身に覚えがないでしょうか。


「なんで△△してくれないの？」

こうしたフレーズを、私は〝壁際ワード〟と呼んでいます。

相手を責め立て、壁際にまで追い込む言葉だからです。

女性からこのフレーズを投げつけられたら、男性は逃げ場がない。壁際まで追い込まれて「ごめん」としか言いようがありません。このようなフレーズは、**男性のプライドを傷つけてみじめにさせ、謝らせるだけの言葉**とも言えるでしょう。

「なんで△△してくれないの？」と言われると、その瞬間、男性の愛情のボルテージは急激に下がります。そして、ほかに言いようがなくて「ごめん」とボソリ。

女性は言葉が欲しい。その気持ちはすごくよくわかります。でも、女性が自分の気が済む言葉を彼の口から引き出そうと投げつけたフレーズに、彼のプライドはズタズタにされ、心は女性から離れてしまっているでしょう。

これが、私流に分析した〝壁際ワード〟を投げつけられる男性の心理です。

男性は、もともと外で狩りをして闘うという性を持っていますから、疲れて帰ってくる場所には、温もりや安らぎを求めます。ところが、その場にいるパートナーが自分の求めているものを与えてくれないとなると、愛が冷めてしまうのもムリもない話ではないでしょうか。

男性をみじめにさせる〝壁際ワード〟には、くれぐれもご用心！

男性といい関係を築いていくためには、女性側のちょっとした努力も必要だと思うのです。


〝壁際ワード〟を投げつけた瞬間、彼の心は離れていく

How to choose fortunate
LOVE

男性と女性は根本的に違うもの、と理解して向き合ってみる

「どうして彼は私のことをわかってくれないんだろう……」

「彼は何を考えているの？」

恋愛では、いろいろな局面で、こんなふうに思い悩むことがありがちですよね。

パートナーのことを理解したいし、もちろん、自分のことも理解してほしいと思うのは自然な感情です。

でも、他人同士ですから１００％理解し合えることは不可能に近いですし、男性と女性では、脳が根本的に違うもの。このことを理解していないと、永遠に平行線を辿ることになってしまいがちです。

例えば記憶。女性は物事を「感情」で、男性は目で見たり、聞いたりした「事象」で記憶すると言われています。

こんな経験はないでしょうか。

彼が約束をドタキャンしたとする。「ごめんね」と彼に謝られて、「仕事だから仕方ないよね」で笑って済ませられればいいのですが、時として女性は、彼を責めがちです。

しかも、「あの時も、この時もそうだった」と、過去のことまで引き合いに出してしまいます。

これは、女性が感情で物事を記憶しているから。今回のドタキャンで、悲しいとか腹立たしいとかの感情が湧き上がったことで、同じような感情を抱いた過去の出来事がフラッシュバックしてしまうのだそうです。

彼にしてみれば、こんな女性の態度は「?」。そのつど謝っているわけで、なぜ女性が過ぎたことを今さら言い出すのか理解できない。男性の脳は「謝った」という事象で記憶しているため、「謝ったでしょ」と言うことしかできなくなってしまいます。

それでもなお、女性が感情的になって食い下がると、「もぉ、いい加減にしてくれよっ!」と、怒って黙り込んでしまうか、ひどい場合は席を立ってしまうでしょう。

二人の間にすきま風が吹き始めるのは、決まってこんな時。きっかけは些細なことでも、ケンカの仕方を間違えると、簡単に「終わり」になってしまいます。

こうした事態を避けるためにも、**男性と女性は根本的に思考が違うことを理解してお**

くといいのではないでしょうか。

『話を聞かない男、地図が読めない女』という本があります。男女の脳の違いを解説したものですが、頷けるところがたくさんあって、私自身はとてもためになっています。

パートナーが自分の思い通りにならず、「どうして?」と疑問が膨らんで腹立たしくなったり、悲しくなったりする女性は多いでしょう。

でも、男女の違いを理解しておけば、いろいろな局面で「そっか、男性はこういうものなのね」と受け入れられるようになりますよ。すると余裕が生まれ、自分の感情に振り回されることなく、彼と向き合えるのではないでしょうか。

女性は「感情」で記憶し、男性は「事象」で記憶する

How to choose fortunate
LOVE

されてイヤなことを互いに知って信頼を育む

私たちは、パートナーが好きなことは自分も好きになれますし、パートナーの喜ぶ顔が見たくて「好きなことをしてあげよう」とも思えるものです。ところが、〝されてイヤなこと〟は置いてきぼりにされがちではないでしょうか。

でも、これは、二人の関係にヒビを入れる起爆剤にもなりかねないもの。だからこそ、**お互いがお互いの〝されてイヤなこと〟を知っておく必要がある。それが、二人が仲良く付き合っていく秘訣の一つ**、と私は考えています。

自分自身も実践してきたことですが、「これだけは許せない」とか「こういうことはあまり好きではない」といったことは、少しずつ相手に伝えておくようにしましょう。

この時、「自分も未熟だけど、じつは私、こういうことを言われるとすごくイヤな気分になるの」というように、**謙虚さを持って伝えられるといい**ですね。

そして、あなた自身も、パートナーにとってのイヤなことを聞き出すようにしておくといいでしょう。

もちろん、あらかじめ伝えるようにしてはいても、日々の触れ合いの中で、どうしても相手からイヤなことをされたり、言われたりすることもあるはずです。

このような時、〝いい子〟になったり、「嫌われたらどうしよう」という恐れから、我慢してはいませんか。

我慢していると、〝小さなイヤ〟が積み重なり、ある時、一気に爆発することにもなりかねません。これは女性にありがちだと言われたりもしますが、あなたにも思い当たるところはないでしょうか。

男性にしてみれば、過去の出来事を持ち出されて「じつはあれもイヤ」「これもイヤだった」などと言われても、どうしようもないことです。「だったらどうしてその時に言わなかったの？」と思うでしょうし、「じゃあ、キミはオレのことをずっと根に持っていたわけ？」とも思います。どちらにしてもいい気分とは言えませんよね。

相手からイヤなことをされたり、言われたりした時には、我慢せず、そのつどきちんと伝えるのが一番。ただ、伝えることはもちろん大切ですが、ハッキリ口にするだけでは角が立つこともあるでしょうから、言い方を工夫することも大事です。

私はユーモアの力を借りることにしています。

「あなたのさっきの言葉、すご～く傷ついた。今度あんな言い方をしたら背負い投げにしてやるぞぉ～！」

例えばこんな感じで、「その言葉がイヤ、とても傷ついた」という事実はきちんと伝えるけれど、クスッと笑えるようなユーモアを盛り込むのです。

このように、笑いを含めて言われれば、相手もそこまでイヤな気にはならないのでは。ハッキリ伝えた言葉の角がふっと丸くなって、彼も「背負い投げはイヤだなぁ。じゃあ、今度から気をつけるね」などと笑いながら言ってくれるでしょう。

「夫と信頼関係を築き、保つために必要なのは、**感謝と愛情、セクシャル、そしてユーモア**です」

ある時、知り合いの素敵な女性がおっしゃるのを聞き、私は、とても納得できました。最初の二つは言うまでもありませんが、やはりユーモアも欠かせない要素です。

あなたもぜひユーモアの力を借りて、悲しかったり、腹が立ったりしたことをパートナーに伝えるようにしてみてください。

彼にとって**耳の痛い言葉でも、ユーモアで逃げ道を作ってあげながら伝える**。そうすれば、素直に聞き入れてもらえるばかりか、「こいつ、なかなかやるな」とあなたの器の大きさを再認識し、彼の、あなたへの信頼感も強くなるはずです。

男性は安心感を求める生き物です。相手の女性が明るくて温かくて、自分を広い心で包んでくれると感じれば、「オレ、手の平で転がされてる？」と思ったとしても、安心して転がってくれるでしょう（笑）。

相手にとって耳の痛いことは、ユーモアを交えて伝える

How to choose fortunate
LOVE

愛情は求める
ばかりではなく、
与え合い、
築き合うもの

愛情は、人を豊かに、そして美しくするものです。自分自身を振り返っても、周囲の人たちを見ても、そのことを実感できるのではないでしょうか。愛する人の存在があり、その人と互いに尊敬し合いながら信頼関係を築いていくと、その過程で人は一回りも二回りも大きくなっていきます。また、愛に包まれている人は、内側から輝くような美しさを放ちます。

それほど素晴らしいものである一方で、**愛情は、時に人を試す側面がある**ような気もします。

愛する人と同じ道を歩み始めた当初は、誰でも相手のちょっとした言葉や行動で愛を感じ、幸せな気持ちに包まれるものです。そのような相手と巡り合ったことに感謝もするでしょう。ところが、だんだんと相手の愛情表現に慣れ、相手の存在自体も当たり前になっていく……。そして、人は知らず知らずのうちに、「もっと、もっと」と相手に多くを求めるようになりがちです。

愛は人の傲慢をさらけ出し、その人が自分の傲慢さにどう打ち勝つかを試すのではないか、と私は思うのです。

傲慢をさらけ出したままだと、愛を育んでいくことはできません。相手の存在、相手からの愛情表現が当たり前にならないよう、愛情を受け取ったら感謝を表し、そしてまた自分も愛情を相手に与える。この循環が、愛を育むということではないでしょうか。

真の愛は謙虚さから生まれます。

愛情を頂いたらお返しをするのは当たり前のことですが、たとえ頂けなくても自ら与える。この姿勢がとても大事ではないかと思います。

もっと愛してほしい、もっと愛情を表現してほしい、もっと自分の気持ちを察してほしい……。いつの間にか、あなたの心は「ほしい」でいっぱいになってはいないでしょうか。

もしそうなっているのだとしたら、「ほしい」という気持ちを少し手放して、その空いたスペースを、自ら与えることに使ってください。**愛を与える女性は、内側から愛が溢れ出しています**。そんな慈愛に満ちた女性でいられたら、どんなに素敵なことでしょう‼

女性は本来、共感して育成する性を持っている以上、慈しみ深い生き物だと思いますから、自ら愛を与えることができないわけがない。**分かち合うものは必ず増えていきます**。ですから、**愛情もどんどん与えてみてください**。その愛情はどんどん増えて、必ず二人の心を満たしていくに違いありません。

特定のパートナーがいなくても、愛を与えるところはたくさんあります。友人や同僚、ご近所の人など自分のすぐ側にいる人たちへ、あるいは日本中の、世界中の人たちへ、たくさんの愛を注いでみましょう。そんな、慈愛に満ちて輝くあなたに惹かれる男性が、出現しないわけがないと思います。

愛を与える女性は、内側から愛が溢れ出す

How to choose fortunate

LOVE

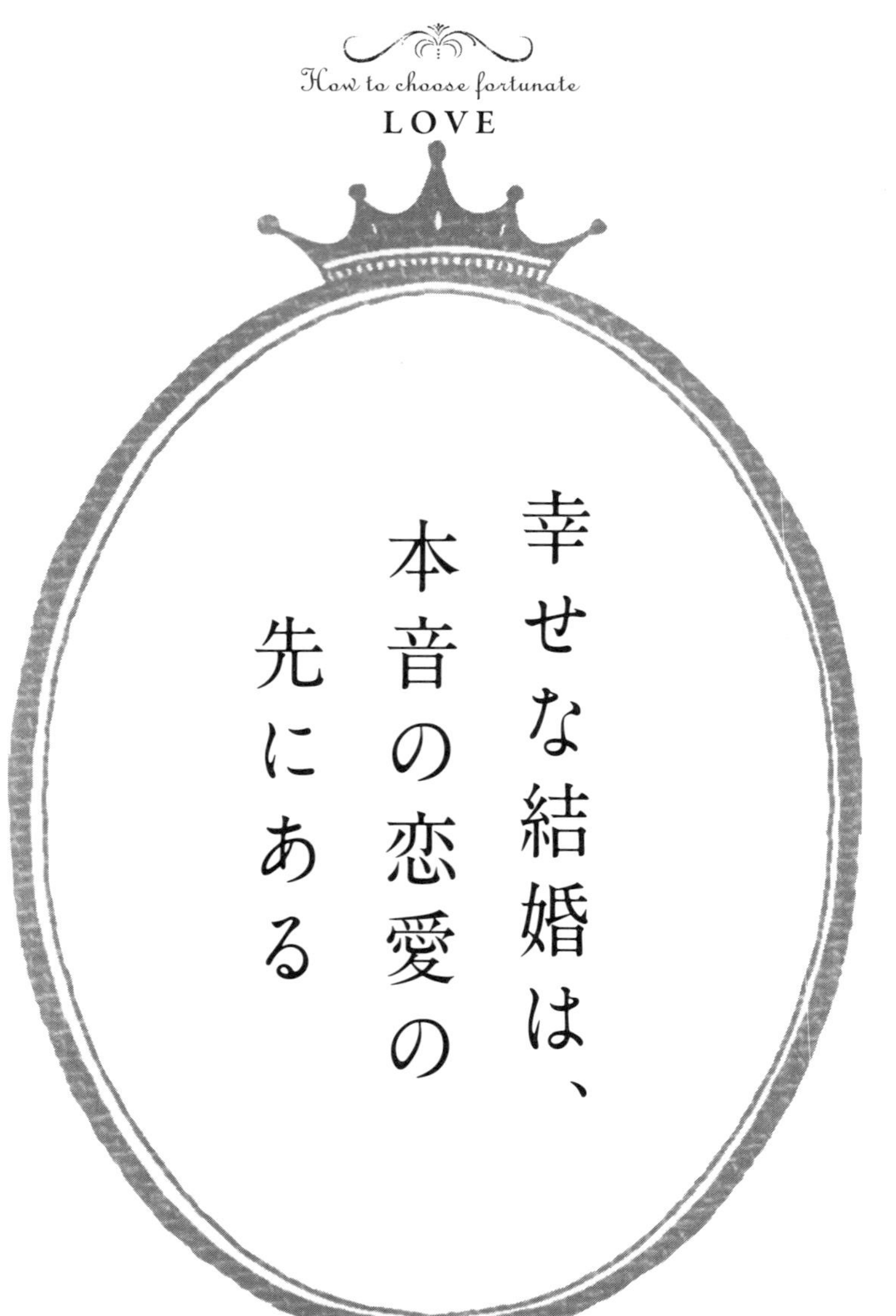

幸せな結婚は、本音の恋愛の先にある

人によっても違うとは思いますが、年齢を重ねるにつれ、恋愛よりも結婚を優先する女性も増えてきますよね。私自身、つねに結婚を考えている重いタイプ（笑）でしたから、その気持ちがわからなくはありません。

でも、結婚は、男女が付き合っていくうちお互いに意識するようになるのが自然ではないでしょうか。恋愛の先に結婚が見えてくるというか……。

男女が惹かれ合って付き合うようになり、二人で作り上げる空間や時間を大切にしているうちにより深い愛情が芽生える。そして、お互いが「この人に自分の未来を託したい」「このままずっと一緒に心地よく過ごしたい」と思えた時初めて、相手と築く未来が具体的になってくる。それが結婚ではないか、と私は思うのです。

そうなるためには、一人の人間として正直な気持ちを伝え合い、時に傷つけ、傷つけられながらも、本音でぶつかり合うことが必要です。それには、もちろん勇気が要ります。別れることになるかもしれないという覚悟も、時には大事です。

私自身、旦那様とお付き合いをしている頃から、いつでもまっすぐに自分の意思を伝えるようにしていました。

例えば、結婚話が浮上する前に「一緒に住もうか」という話になり、その時、私はハッキリと伝えました。「この年齢になって、単なる同棲をするつもりはない」と。これまでの恋愛では言えなかった言葉です。当時39歳だった私は、今の旦那様と結婚したかったからこそ、かなり勇気をふり絞りました。

すると彼は「ボクの気持ちは結婚に向かっているよ」と答えてくれたのですが、彼の意思を確認できたのは、私が本音で彼にぶつかっていったから。彼の本音を知るのが怖くて意思を伝えないまま同居していたとしたら、ずっと心に引っかかりを感じ、モヤモヤした気分が晴れなかったことでしょう。

もちろん、私のようなケースばかりではないかもしれません。「結婚したい」という自分の意思を伝えたとしても、「結婚するつもりはない」という答えが返ってくる場合もあります。そう思うと怖くて、本音をぶつける勇気が出ない気持ちもわかりますが、そこは勇気を出してみませんか？「彼は結婚をどう考えているんだろう」と思い悩みながら時が過ぎた挙げ句、彼に結婚するつもりがないことが最終的にわかったとしたら、過ぎた時を悔いもするでしょうし、虚脱感に襲われるのではないでしょうか。

あなたが自分の思いをぶつけて「結婚は考えていない」と言われたら、たしかにショックですよね。でも、本音でぶつかれば、「今は考えていない。でも、付き合っていくうちに見えてくる未来もあると思うから、キミとの愛を育んでいきたい」といった言葉を聞くことができるかもしれません。これも一つの誠実さです。

こうした正直なコミュニケーションができるよう、自分の思いは臆(おく)することなく伝えるようにしていきましょう。**真の信頼は、本音をぶつけ合ってこそ築いていけるもの。**結婚は、その先にあるものだということを忘れないでくださいね。

中には、あなたの気持ちが重すぎて去っていく男性もいるかもしれません。万が一、そうなった場合には、新しい恋に向かう機会を与えられたのだと思い、その恋愛で得た学びを次に活かせばいいのです。


本音をぶつけ合うことで、真の信頼を築いていける

How to choose fortunate
LOVE

自分を高めながら、「運命の人」サインを見逃さないこと

自分も相手も大事にしながら、愛情を育む努力が必要なことはもちろんなのですが、どんなに努力をしても結婚に結びつかない恋愛もあります。

かつての私がそうでした。婚約寸前までいっても結婚できないということが何度か続いたのです。そして、「どうしてだろう」と考えた時、私なりの答えとして「ご先祖様同士が許してくれなかったからかも」という考えに辿り着きました。

その後、ある神社に「ご先祖様が許してくれる人に巡り合わせてください」とお願いをしにいったところ、直後に今の旦那様の夢を見て、出会ってしまったのです!!

少しスピリチュアルな話になってしまいますが、男女というものは、ご先祖様同士が許してくれて初めて結婚に至るのだと、私は今でも思っています。

ご先祖様の許しがあるかどうかは、「ご縁」ということでもあります。

結婚したいと思っていた矢先、彼がとんでもない僻地(へきち)に転勤になって、妻を伴うのが難しくなったとか、お互いの家に跡継ぎが必要で、彼が婿入りすることも彼女が嫁入りすることも許されないとか……。

こんな大きな出来事ではなくても、なぜか結婚に差し障る状況ばかり生じることがあります。二人が本気で愛情を育んでいても、ご縁がない（＝ご先祖様同士が許さない）と、なかなか結婚に至ることはできません。

反対に、ご先祖様が応援してくれている時は、たとえ行き違いが重なってお互いを手放しかけたとしても、不思議と関係が途切れず、ふたたび引き合うもの。そもそも、**ご縁がある人の場合は、何かしらのサインが送られてきます**。

例えば、私たち夫婦の場合。まだ彼と付き合うか付き合わないかの頃、一緒に出かけたチャリティパーティの抽選イベントで、上位3位までの豪華プレゼントがすべて私たちに当たってしまったことがあります。この時、私は予感を覚えました。「彼と一緒にいるとハッピーになる」と。

その後、私たちは真剣にお付き合いを始めたのですが、今度は、不思議なことにやたらとウエディングシーンを目にするようになったのです。ホテルのロビーで目の前を新郎新婦が横切ったり、挙式の記念写真を撮る場面に何度も遭遇したり。また、旅先で伝統的な和風挙式の行列に出くわしたことも。こんなことが度重なって、私の心には「私、結婚するな」と確信のようなものが生まれたのでした。

あなたも、**ご先祖様が許してくれたご縁のサインを敏感に察知してくださいね**。ただ、サインがあるからといって、ご先祖様の応援をあてにして、自分は何もしないというのはどうかと……。愛する人と結婚するには、努力も大切です。

「結婚したいな」と思われる女性になれるよう、自分磨きは怠らないでください。もちろん、彼と二人で信頼関係を築き上げる努力をしながら愛を育んでいくことは大前提。

こうして努力をした上で、もしご縁があるのならご先祖様が応援してくださり、自然に結婚へと向かっていくでしょう。

ご縁のある相手となら、結婚は自然とうまくいく

How to choose fortunate

LOVE

結婚とは、幸せを築き上げるもの

私は、結婚は早いからいいとも、遅いからいいとも思っていません。

たぶん、その人に最適なタイミングというものがあるのでしょう。ゆっくり結婚に向かっている女性がいるとしたら、きっと、結婚より先に世の中の役に立つよう、何かに動かされているということだと思います。

私のまわりでも、仕事を頑張っている女性の中には、恋愛するたびにパワーアップしていく人がいます。料理がすごくうまくなったり、体を美しく鍛えたり、一回一回の恋愛でどんどん磨かれているのです。きっと、一つひとつの恋愛で成長しながら、結婚に向かっているのでしょう。

人は幸せになるために生きています。素敵な男性と出会って愛情を育み、いずれ「結婚して幸せになるぞ」という目標や夢を抱くのは素晴らしいことです。

でも、結婚そのものが、あなたの向かうべき最終地点なのでしょうか。

恋愛の一つひとつも大事なプロセス。ゆくゆくは誰かと結婚して、ともに幸せを築くための練習と言えます。その延長線上で、それぞれが社会に果たす役割など、いろいろなことが入り交じり、すべての調和が取れた時に、ふっと向かう次のステージが「結婚」というものではないでしょうか。

ですから、結婚を焦ったり、「したいのになかなかできない」と悩んだりはしないでください。自分には、経験を積んで、たくさんの人の役に立てる何かがある。だから、「まずは結婚ではなく、経験を積んで人の役に立つことに時間を使って」と、神様から言われていると思ってほしいのです。

結婚というものは、互いが相手の人生に責任を持つのですから、簡単なことではありません。ある年齢まで与えられた役割を果したあとに、全力で取り組んでこそ、成就できる人生最大の大事業と言ってもいいかもしれません。だからこそ、焦ったりせず、結婚前の時間を有意義に使おうと思えばいいのではないでしょうか。

「結婚とは幸せを築き上げるもの」と、私は思っています。

「結婚して幸せになろうね」とよく言いますが、幸せとは、結婚すれば得られるものではなく、結婚してから二人で築き上げるものではないでしょうか。

その意味でも、結婚はゴールではありません。

結婚とは、二人が協力して巣作りをすることです。他人同士が一緒に住むことを考えたら、いろいろと気になる面も出てきます。トイレの使い方が許せない、食べ方が気に障るなど、思いもよらないところで見えてくる食い違いを解消し、ゆくゆくは子育て、ひいては親の介護といった大きな課題も、二人で乗り越えていかなくてはなりません。

そうした中で、お互いが「相手を幸せにしたい」という思いを持ち続け、日々の小さな言葉や行動にその思いを表していく。こうして**信頼を深め、絆を強めていくことこそが、幸せを築き上げるということ**だと、私は考えています。

結婚はゴールではない

How to choose fortunate
LOVE

別れる時にも愛を注ぐ

ケータイやスマートフォンの普及で、面と向かって人と話す機会が激減しているように思います。

でも、なんでもかんでも電話やメールで用件を済ますのではなく、場合によっては、きちんと相手と向き合って話したほうがいいこともあるのではないでしょうか。

その最たる例が、お互いの人生に影響を与えるようなことを伝える時。例えば、恋人に別れを切り出す場合です。

相手の気持ちはまだ自分にあるのに自分はすでに冷めている。この温度差がある中で別れを切り出すのは、とても勇気が必要なことです。相手を傷つけることは間違いないでしょう。その状況で相手と向き合わず、電話やメールで一方的に別れを告げると、相手をより深く傷つけることになってしまいます。

電話やメールで別れを告げたことで、自分ではケリをつけたつもりになるかもしれません。でも、相手にしてみれば、まだ何も終わっていない。にもかかわらず、一方的に別れを告げられたあとは、メールの返事もないし、電話にも出てもらえない……となると、感情のぶつけどころがなく、気持ちの整理ができません。この不条理さゆえに湧き上がった悲しみや怒りといったネガティブな感情を、心にくすぶらせたまま生きることになってしまいます。

二人の関係を電話やメールで終わらせるのは、相手を傷つけっぱなしにするということ。それは、その人の人生そのものも傷つけるということです。

すでに気持ちは冷めていたとしても、一時は互いに惹かれ合い、時間や空間を共有した相手。けじめとして、最後はきちんと相手と向き合うべきでしょう。それが大人としての誠意であり、最後の愛情。たしかに愛していた人なのですから、**別れる時にも、愛を注ぐべき**ではないでしょうか。

これが恋愛のルールだと私は思っています。

面と向かって別れを切り出すと、相手は、どうしようもない感情をあなたにぶつけてくるかもしれませんね。あなたは、自分が相手を傷つけてしまったという現実を目の当たりにし、うろたえるかもしれません。

でも、その事実をしっかりと受け止めてください。感情と感情のぶつかり合いになることもあるでしょうが、感情を出すことで吹っ切れるということもありますから、逃げずにちゃんと向き合いましょう。

こうした局面で起きることは、あなた自身の学びにもなるはずです。

感情の波の中で溺れそうになっている彼を目の前にして、あなたは人を傷つけることの意味や罪深さを思い知るかもしれません。もっと大切にしてあげればよかった、と後悔の念が湧き上がったり、二人で過ごした日々が頭を巡って感傷的になるかもしれません。男女の心の機微を痛感させられるでしょう。

いずれにしても、この場で学んだことは、あなたのその後の恋愛はもちろん、人生そのものにも必ず活かすことができるのです。

別れの時こそ、相手と対峙する。これは、**相手への誠意であり、最後の愛であり、そして、自分自身のためにも、とても大切なこと**だと言えるでしょう。

別れは、直接会って伝えるのが恋愛のルール

How to choose fortunate
LOVE

たとえ結ばれなくても、意味のある出会いはある

ずっと一緒にいたかったけれど、結果的に別れることになってしまった。悲しすぎて、つらすぎて、もう二度と前を向いて歩くことなどできないのではないか……と思ったとしても、別れは失敗ではない。その人と出会ったことも、別れたことも、必ず何か意味があるのではないでしょうか。

私にも経験があります。

家族の絆がとても強い、特殊な仕事をしている男性とお付き合いをしていたのですが、いろいろな事情から結局は別れることになってしまいました。この恋愛には、当人同士ではどうにもならない問題もありました。

別れた当初は悲しくて、悲しくて……。もう立ち直れないのではないかとも感じていました。でも、今では愛おしく思い出すことができます。と同時に、あの恋愛にも意味があったんだなと思える自分もいるのです。

別れてからも、彼は何度も私に連絡を取ろうとしてくれたようです。けれど、なぜか毎回、折悪く、ゆっくり話すことができないままに月日は流れていきました。

私は結婚、彼はその道でますます精進していたある日のこと。街中で私たちはバッタリ会ってしまったのです。私はケータイで誰かと話していたので、立ち止まることができず、お互いに驚いた表情ですれ違ったのでした。

ただ、そのまま放っておくのもどうかと思ったので、家に帰ってから、私は「ビックリしたわ。最近どうしてるの？」といったメールを彼に送りました。

彼からの返信には、まず私の結婚への祝福の言葉があり、そのあとに、自分の結婚に関する迷いが書かれていました。今、いい恋愛はしているけれど、まだ結婚には迷いがある。互いの家族のためにも、彼女と結婚するのが一番いいことはわかっているけど……というような内容でした。

私はすぐに返信しました。「ご先祖様同士が許す結婚が一番いい。家族同士が応援しているのなら、間違いなくご先祖様の祝福を受けられるはず」と。

彼がその方と婚約したと聞いたのは、その1ヶ月後のことです。彼からは後日、「あの時のキミの言葉があったから、すごく前向きな気持ちで婚約できた、ありがとう」というメールが届きました。

彼と別れた当時は、本当に悲しかった。でも、何年後かに再会して、私が多少なりとも彼の背中を押すことができたのなら、彼の人生において果たすべき私の役割は、きっとそういうことだったのでしょう。

どんな恋愛でも一緒に過ごした期間にたしかに魂の交流があったはず。ということは、お互いが人生において、とても大切な役割を果たしてきたということ。別れは失敗ではないと私が言う、もう一つの理由がここにあります。

別れても、互いに相手の人生において果たすべき自分の役割はきっとある

おわりに
思い出はつねに美しく

自分のこれまでを振り返り、「大変だった」「不幸だった」と嘆く人がいます。まるで、人生という道があらかじめ定められていて、望むと望まざるとにかかわらず、その上を歩まされてきたかのように……。

本当にそうなのでしょうか。私は、それはちょっと違うと思います。

本書の最初に、人は一日に約三〇〇〇回も選択をしていることをお話ししましたが、皆さん、数えきれないほどの選択をしてきています。そのすべてが正しかったとは言えないでしょう。時にはうまくいって喜んだこともあるでしょうが、時に間違えたり、ブレたりして傷ついたこともあるはずです。

こうやって少しずつ歩んできた道が、あなたが自分で築いた人生です。

本書でずっとお話ししてきたように、自分の選択が過去を作り、そして未来を作っていくのだと思います。ですから、現在の自分が何を選ぶかによって、未来をより明るいものにしていけるはずです。

幸せな人生を選択するために、笑う、リラックスする、感謝する、ワクワクという魂の声を大切にする、行動する、遊ぶ、五感を満たすことを、どうか日頃から大切にしてくださいね。

過去の傷にとらわれていると、なかなか自分の人生を愛することはできません。**過去を乗り越えてこそ、人は今まで歩んできたすべての道を、愛おしく思うことができるの**ではないでしょうか。

思い出はつねに美しく――。

過去の執着も悲しみも憂いも、一見、どんなにネガティブに思える出来事でも、そこから学ぶことで愛し慈しみ、受け入れてあげる。過去の過ちや失敗、かつての自分の嫌な側面、これらはすべて、人生という道をしっかり踏みしめ、ならし、整備して、より歩きやすくするためにあった、と捉えてみてください。

こう考えてみた時に、**どんな過去も暗く悲しいものではなく、未来への学びを含んだ、明るく前向きなもの――美しい思い出――にできる**のではないでしょうか。

「私は、シワの数だけ優しさを知りました。だから、若い時の自分より、今の自分の顔のほうがずっと好きです」

私が大好きなオードリー・ヘプバーンが遺した言葉です。

64歳で天寿をまっとうするまで、彼女が絶えず周囲を包み込むような美しい笑顔であったわけが、よくわかる言葉だとは思いませんか。

私もまた、年の数だけ優しさを得ることができたら……と願いながら、精進する日々。去年より今年、今年より来年の自分を好きでいられるように、自分の人生を愛し慈しみ、学んでいきたいと思っています。

そのために、今までに考えてきたことを「幸せを選ぶ力」としてまとめ、こうして皆さんと分かち合うことができました。今、身に余る幸せを改めて噛み締めています。

最後まで読んでくださって本当にありがとう。
あなたの「幸せを選ぶ力」が、少しでも強くなることを心より祈っています。

二〇一五年一月吉日

アンミカ

アン ミカ

韓国出身・日本育ちのモデル／タレント。

一九九三年にパリコレに初参加以後、モデル業以外でも、テレビ・ラジオ出演、ジュエリー／ファッションデザイナー、化粧品プロデュース、エッセイ執筆や講演、シンガーとしての活動など、様々な方面で活躍。

世界標準マナーのＥＰＭアドバイザー、漢方養生指導士、日本化粧品検定一級、ＮＡＲＤ ＪＡＰＡＮアロマアドバイザーなど女性を美しくする資格を多数持つ。

二〇一三年アメリカ人の実業家と結婚。テレビ番組に夫婦で度々出演し、幸せキャラで親しまれている。

二〇〇九年より韓国観光名誉広報大使、二〇一三年より初代大阪観光大使としても活躍。朝の情報番組ＴＢＳ「いっぷく！」の火曜日レギュラーコメンテーターとして出演。ますます活躍の場を広げている。

愛・幸・運に恵まれた人生を手に入れる
アン ミカの幸せの選択力
2015年1月25日　第1刷発行

著者＿アン ミカ
発行者＿佐藤靖
発行所＿大和書房
東京都文京区関口1-33-4／電話 03-3203-4511

ブックデザイン＿蜂矢貴子（cluch on cluch co.,ltd.）
編集協力＿福島結実子、佐藤美由紀
カバー印刷＿歩プロセス
本文印刷＿厚徳社
製本所＿ナショナル製本
©2015Ahn Mika,Printed in Japan
ISBN 978-4-479-78311-4

落丁・乱丁本は送料弊社負担にてお取り替え致します。
http://www.daiwashobo.co.jp